F. CHAZE D. CHEVALLIER

1er en Anglais

6e

HACHETTE
Éducation

Sommaire

Couverture : Pascal Plottier.
Maquette graphique de l'intérieur : Atelier JMH.
Mise en page : Insolencre.
Les illustrations ont été réalisées par : Pascale Mugnier.
ISBN : 2.01.167106-x

Avant-propos

Toutes les performances des sportifs sont liées à la qualité de leur entraînement… Il en va de même pour l'apprentissage de l'anglais : plus ton entraînement sera régulier et approfondi, meilleurs seront tes résultats. Ce livre sera ton entraîneur particulier, ton *coach* disent les Anglais. En suivant l'entraînement qu'il te propose, tu es sûr de monter sur le podium ! Il comprend vingt et un chapitres couvrant l'ensemble du programme de sixième, trois doubles pages de révisions et sept tests récapitulatifs.

Avant de te lancer, assure-toi que tu disposes de l'équipement nécessaire :

– un cahier de brouillon : en évitant d'écrire sur ton livre, tu pourras refaire plusieurs fois les exercices sur lesquels tu t'es un peu essoufflé !

– un bon dictionnaire, ni trop simple, ni trop compliqué : il sera ta bouteille d'oxygène.

Chaque séance se déroule de la même façon :

• **Échauffement d'abord.** Lis attentivement les rubriques *Remember!, Zoom* et *Words.* Ce sont les rappels des savoirs de base nécessaires pour faire les exercices. Tous les trois chapitres, la rubrique *Pronunciation* te permet de faire le point sur l'oral, ne la néglige pas.

• **Entraînement ensuite.** Les exercices de la rubrique *Practise!* sont classés par ordre croissant de difficulté. À toi d'évaluer si tu préfères les effectuer en une ou deux séances de travail. Tu peux aussi en faire certains à l'oral seulement. Les exercices précédés d'un astérisque (*) demandent plus de réflexion et de concentration : lis d'autant plus attentivement les consignes avant de les faire.

• **Évaluation.** Tu disposes de trois paliers d'évaluation de tes performances : les exercices des chapitres, les pages de révisions tous les sept chapitres et les tests en fin de livre. Tous les corrigés sont rassemblés en fin d'ouvrage.

Enfin, c'est à toi de choisir les chapitres que tu souhaites travailler : tu n'es pas obligé de les faire dans l'ordre où ils sont présentés, ni de les faire tous. Si certains abordent des aspects de la langue que tu n'as pas vus en classe, tu peux les laisser de côté ou te lancer sans crainte de faire des erreurs.

N'oublie pas que l'on apprend beaucoup aussi en se trompant !

Bon courage !

Les auteurs.

Alphabet phonétique

LES VOYELLES

- [iː] s**ee**
- [i] b**i**g
- [e] g**e**t
- [æ] m**a**n
- [ɑː] b**a**th
- [ɒ] t**o**p
- [ɔː] d**oor**
- [ʊ] g**oo**d
- [uː] s**oo**n
- [ʌ] b**u**s
- [ɜː] g**ir**l
- [ə] **a**way
- [ei] d**ay**
- [əʊ] g**o**
- [ai] b**y**
- [aʊ] h**ou**se
- [ɔi] b**oy**
- [iə] n**ear**
- [eə] ch**air**
- [ʊə] s**ure**

LES CONSONNES

- [h] **h**ouse
- [p] **p**en
- [b] **b**ed
- [t] **t**ea
- [d] **d**oor
- [k] **k**eep, **c**at, **q**ueen
- [g] **g**arden
- [l] **l**ady, we**ll**, fi**l**m
- [f] **f**ish, **ph**one
- [v] **v**ery, o**f**
- [s] **s**ee, cup**s**
- [z] **z**ebra, bed**s**
- [m] **m**en
- [n] **n**o
- [r] **r**ain
- [w] **w**ash, q**u**een, **o**ne
- [θ] **th**anks
- [ð] **th**is
- [ʃ] **sh**oes
- [ʒ] bei**g**e, plea**s**ure
- [tʃ] **ch**air
- [dʒ] **j**ob, villa**g**e, ba**dg**e
- [ŋ] si**ng**, E**ng**lish, ba**n**k
- [j] **y**es, **u**niform

1 Le verbe *to be*

Remember !

- À l'écrit, le verbe *to be* (être) se conjugue à la forme pleine.
  I am, you are, he (she, it) is, we are, you are, they are.
- Dans la conversation courante, on ne prononce pas certaines voyelles, remplacées par une apostrophe : c'est la forme contractée de *to be*.
  I'm, you're, he (she, it) 's, we're, you're, they're.
- À la forme négative pleine, on ajoute *not* après le verbe.
  I am not, you are not, he is not, etc.
- À la forme négative contractée, les voyelles non prononcées sont :
  – soit une voyelle du verbe : *I'm not, you're not, he's not,* etc. ;
  – soit le *o* de la négation *not*, mais jamais à la 1re personne du singulier :
  I'm not, you aren't, he isn't, she isn't, we aren't, you aren't, they aren't.
- À la forme interrogative, on inverse le sujet et le verbe.
  Am I ? are you ? is he ?, etc.
- Il existe trois pronoms personnels à la 3e personne du singulier : *he* pour les hommes, *she* pour les femmes et *it* pour les choses et animaux non familiers.

Practise !

1 Complète chaque phrase avec la forme affirmative pleine du verbe *to be*.

Ex. : *Mummy ... in the kitchen.* → *Mummy is in the kitchen.*

a. John and Mary ... English.
b. You ... French.
c. Mr Mac Donald ... a teacher.
d. The exercise ... difficult.
e. The cat ... black.
f. We ... in France.

2 **Relie par une flèche la forme contractée du verbe *to be* qui correspond à la forme pleine contenue dans les phrases suivantes.**

Ex. : **a.** *John is a clown.* → **2.** *He's*

b. Mary and Laura are friends.
c. The film is fantastic.
d. Antoine and you are French.
e. Mrs Brown is a doctor.

1. You're
2. *He's*
3. She's
4. It's
5. They're

3 **Récris les phrases de l'exercice 2 à la forme interrogative.**

Ex. : *John is a clown → Is John a clown ?*

4 **Complète avec *isn't* ou *aren't*.**

Ex. : *You ... a monkey. → You aren't a monkey.*

a. Dracula ... a clown.
b. Hamburgers ... cakes.
c. Mickey ... a dog.
d. We ... in England.
e. Pizzas ... Japanese.

5 **Complète les phrases avec le pronom personnel qui convient.**

Ex. : *I'm a dog.*

a. ... 're friends !

b. ... 's delicious !

c. ... 're at the bus-stop.

d. ... 's a policewoman.

e. Look ! ... 's a man !

* **6** **Remets dans le bon ordre les mots des phrases suivantes.**

Ex. : *are - Jenny - friends - Pamela - and*
→ Jenny and Pamela are friends.

a. I - English - not - 'm
b. you - French - are - ?
c. Paul - are - at - John - school - and
d. not - English - difficult - is

Zoom

En anglais, on ne répond jamais à une question par « oui ! » ou par « non ! » seul, comme on le fait en français. Il faut toujours répondre par une *"short answer"* (= une réponse courte), c'est-à-dire en reprenant après *yes* le verbe *to be* conjugué à la forme pleine, et, après *no*, le verbe *to be* conjugué à la forme contractée.

Ex. : *Are you French ? Yes, I am !* = Es-tu français ? Oui !
Is Pauline American ? No, she isn't ! ou bien : *No, she's not !* = Pauline est-elle américaine ? Non !

Complète le tableau en répondant aux questions avec des "*short answers*" suivant le modèle.

	Yes	No
a. Is Pamela a girl ?	*Yes, she is.*	
b. Is Paris in America ?		*No, it isn't.* (ou : *No, it's not.*)
c. Are hamburgers delicious ?	_________	_________
d. Is Popeye a man ?	_________	_________
e. Are you in France ?	_________	_________
f. Are you and your parents in Australia ?	_________	_________
g. Are cats animals ?	_________	_________

Pronunciation

[iː] et [i]

- Les sons voyelles sont comme des notes de musique : certains sont longs, d'autres sont brefs.
- Le son du ***e*** dans ***he*** ressemble à un *i* français long. On le note par le signe phonétique [iː].
- Le son du ***i*** dans ***is*** ressemble à un *é* français bref. On le note par le signe phonétique [i].

Place les mots suivants sous la bonne prononciation du son voyelle.

She - is - he - we - be - it

	[iː]	[i]
Ex. :	*he*	*is*
	________	________
	________	________
	________	________

2 L'ordre des mots dans les interrogatives avec *to be*

Remember !

- Il existe deux types de questions :
  – les questions fermées : celles auxquelles on répond par « oui » ou par « non » ;
  – les questions ouvertes : celles qui commencent par un mot interrogatif : *who ?* = qui ? ; *what ?* = que ? quoi ? quel(s) ? quelle(s) ; *where ?* = où ? ; *why ?* = pourquoi ? ; *what colour ?* = quelle couleur ? *when ?* = quand ?

- Pour construire ces deux types de questions et lorsque le verbe (V) utilisé est *to be*, on le place avant le sujet (S).

  Ex. : *Is* (V) *the film* (S) *funny ?*
  = Est-ce que le film est drôle ?
  Are (V) *Paul and John* (S) *at the cinema ?*
  = Est-ce que Paul et John sont au cinéma ?
  What is (V) *this card* (S) *?*
  = Quelle est cette carte ?
  Who are (V) *this man and this woman* (S) *?*
  = Qui sont cet homme et cette femme ?
  Why are (V) *the children* (S) *tired ?*
  = Pourquoi les enfants sont-ils fatigués ?

Practise !

1 Remets ces phrases interrogatives dans le bon ordre.

Ex. : *difficult - this - is - exercise - ?*
→ *Is this exercise difficult ?*

a. your - where - dog - is - ?
b. colour - banana - is - what - a - ?
c. clowns - funny - are - the - ?
d. John - in - and - England - are - Cathy - ?
e. are - children - why - the - happy - ?

2 **À partir de ces mots mal écrits, tu peux en écrire 6 correctement. Retrouve-les.**

Ex. : *hatw rluoco ?* → *What colour ?*
a. hrewe ? **b.** woh ? **c.** nhwe ? **d.** htaw ? **e.** yhw ?

3 **Complète chaque question avec un des mots encadrés.**

why	where	is	what colour	are	who	what

Ex. : ... *'s your name ?* → *What's your name ?*

a. ... are bananas ?
b. ... 's your favourite actor ?
c. ... the children at school ?
d. ... is the ball ?
e. ... it Monday today ?
f. ... are the windows open ?

4 **Relie par une flèche chaque question à la (ou aux) bonne(s) réponse(s).**

Ex. : **a.** *Who's this ?*
b. What's this ?
c. Who are they ?
d. What are they ?

1. They are my parents.
2. It's a cake.
3. They are exotic fruit.
4. They are my friends.
5. *It's my mother.*
6. It's a famous actor.
7. They are American biscuits.

* **5** **Antoine répond à son correspondant anglais Tom. Il a fait 5 fautes dans ses questions. Retrouve-les et corrige-les.**

Hello Tom !

Thank you for the photos ! Who's the name of your dog ? Are your mother a teacher too ? Is your brother and sister twins ? I've got one sister and a goldfish, Lulu. Your house is fantastic. Why is it ? In a village ? My home is in the centre of Avignon. You know who ? Because we haven't got a car !

Bye !

Antoine.

P.S. : My English is very bad !

Zoom

- Pour exprimer un âge, l'anglais utilise le verbe *to be* et fait suivre le nombre d'années de l'expression *years old*.
  Ex. : *Jane is eleven years old.* = Jane a onze ans.
- On peut omettre les deux mots *years old* pour donner l'âge d'une personne, mais jamais lorsque l'on parle d'une chose. On peut naturellement écrire les âges en chiffres.
  Ex. : *Jane is eleven.* = Jane a onze ans.
  The house is 100 years old. = La maison a 100 ans.
- Pour demander un âge, on utilise l'interrogatif *how old* suivi du verbe *to be* à la forme interrogative.
  Ex. : *How old are you ?* = Quel âge as-tu ?

1 **En utilisant le pronom personnel qui convient, trouve la question correspondant à la réponse.**

Ex. : *My bicycle is 4 years old.* → *How old is it ?*

a. My grand-mother is 86.
b. Tim and Ron are 12.
c. I'm 12 too !
d. Look ! This sculpture is 1 500 years old !
e. Her father is 38.

2 **Réponds aux questions en écrivant en lettres les nombres donnés entre parenthèses. Utilise *years old* seulement lorsque c'est nécessaire.**

Ex. : *How old is the baby ? (2)* → *The baby is two.*

a. How old is the car ? (70)
b. How old is the cat ? (3)
c. How old is the church ? (650)
d. How old are the twins ? (8)

Words

How are you ? = Comment vas-tu ? Comment allez-vous ?
I'm fine, thank you ! = Ça va bien, merci !
at school = à l'école,
in London = à Londres,
in France = en France,
I = je *(toujours avec une majuscule !)*,
you = tu, vous *(il n'y a pas de tutoiement ou de vouvoiement en anglais !)*,
they = ils, elles.

3 Les adjectifs possessifs et la question *whose*

Remember !

- À chaque pronom personnel correspond un adjectif possessif.

I → *my* = mon, ma, mes	*we* → *our* = notre, nos
you → *your* = ton, ta, tes	*you* → *your* = votre, vos
he, she → *his, her, its* = son, sa, ses	*they* → *their* = leur, leurs
it → *its* = son, sa, ses	

- L'adjectif possessif est invariable, sauf à la 3e personne du singulier où il dépend du genre du possesseur.

Ex. : *my book* = mon livre ; *my sister* = ma sœur ;
my friends = mes amis.
his dog = son chien : le possesseur est masculin.
her dog = son chien : le possesseur est féminin.

Practise !

1 Complète avec l'adjectif possessif qui convient.

Ex. : *Look at this man and ... funny hat !*
→ *Look at this man and his funny hat !*

a. Look at this photo ! I'm at the swimming-pool with ... family. Look at the dog in the water, it's ... dog, Doody.
b. This car is great, I love ... colour.
c. Who is this girl with Tom ? It's ... new English teacher.
d. The Jones are on holidays with ... new camper.
e. Look, this is Sarah and ... French friend Camille.
f. I'm twelve today, it's ... birthday.
g. What's ... nationality ? Are you French ?
h. This restaurant is very good and ... menus are not expensive.
i. This is my favourite actor, I love ... eyes !
j. We all love gym because ... gym teacher is fantastic.

2 **Remets au singulier les expressions suivantes. Que remarques-tu ?**

Ex. : *my books → my book.*

a. her brothers and her sisters.
b. their teachers.
c. your exercises.
d. his tennis rackets.
e. our computers.
f. its windows.

3 **Relie par des flèches l'expression française et les deux mots anglais pour la traduire.**

Ex. : *sa mère*		*mother*
a. leur père	*his*	friends
b. tes stylos	your	house
c. ta maison	their	dog
d. son chien	*her*	pens
e. ses amies		father

4 **Après avoir lu le texte ci-dessous, indique ce qui appartient à Mary et à John.**

It's her dog. This is their house. It's his pen. That is our father. Look at her glasses. It's your new car. They are her books. The white shoes are his shoes but the black shoes are her shoes. That woman is our teacher. This is his goldfish and his cat, Muffin.

Ex. : **Mary :** *dog* **; John :** *pen.*

Mary : _

John : _

5 **Remets dans le bon ordre les mots des phrases suivantes.**

Ex. : *name - your - 's - ? - what → What's your name ?*

a. new - is - your - bicycle - ? - this
b. too - is - twenty-five - her - woman - twenty-five - the - and - husband - is
c. cousin - York - is - ? - from - your - London - or - from
d. new - Bob - this - our - is - his- neighbour - and - son
e. are - cinema - Julia - her - and - friend - at - the

6 **Complète par *he's, his, you're, your, it's, its.***

Ex. : *Tom is happy, ... on holiday.*
→ Tom is happy, he's on holiday.

a. John's not at home, ... in the parc.
b. Look at the house, all ... windows are open !
c. ... brother is 12 and ... 12 too because ... twins !
d. My grand father and ... old friend are at the hospital.
e. What's this ? ... an old photo.

Zoom

- Pour demander à qui appartient un objet ou un animal, on utilise l'interrogatif *whose*.
- *Whose* est un déterminant du nom, c'est pourquoi il est toujours suivi du nom de l'objet ou de l'animal dont on cherche le possesseur.

Ex. : *Whose book is this ?* = À qui appartient ce livre ?
Whose cats are they ? = À qui sont ces chats ?

1 Demande à qui appartiennent les objets.

Ex. : *pens* → *Whose pens are they ?*
a. car - **b.** bedroom - **c.** ice skates - **d.** computer - **e.** bone - **f.** socks.

* **2 Complète par *whose* ou par *who's*.**

Ex. : *... pullover is it ?* → *Whose pullover is it ?*
a. Look at this red sportscar, ... car is it ?
b. ... this boy ? It's my brother.
c. ... roller blades are they ?
d. ... your English teacher this year ?
e. I know ... her favourite actor.
f. ... parents are they ?

Words

Les Anglais ne se disent pas bonjour de la même façon tout au long de la journée. Ils disent :

Good morning ! le matin ; **Good afternoon !** l'après-midi ; **Good evening !** le soir ; mais ils se disent **Hello** quelle que soit l'heure. Les Américains emploient plus volontiers **Hi !**
Ces deux expressions se traduisent par « Bonjour ! »

4 Le cas possessif et le verbe *have got*

Remember !

- Pour exprimer la possession, on utilise une construction sans équivalent en français, que l'on appelle « cas possessif ». On inverse les positions du possesseur (2) et de l'objet possédé (1). On ajoute la terminaison *'s* au nom possesseur, et on supprime le déterminant devant le nom de l'objet possédé.
  Ex. : La voiture (1) de mon père (2) = *My father's* (2) *car* (1).
- Si un nom propre possesseur se termine par un *s*, on ajoute aussi *'s*, prononcé [iz].
  Ex. : *Mr Higgins's car* = La voiture de M. Higgins.
- Dans le cas des noms pluriels terminés par *-s*, on n'ajoute que l'apostrophe.
  Ex. : *My brothers' car* = La voiture de mes frères.
- Avec une question en *whose*, on évite de répéter le nom de l'objet possédé dans la réponse.
  Ex. : *Whose car is this ? It's my father's.*
  = À qui appartient cette voiture ? À mon père.
- Le cas possessif ne s'emploie que pour les personnes ou les animaux familiers.
  Ex. : *A cup of tea* = Une tasse de thé.

Practise !

1 Réponds aux questions en utilisant le cas possessif. Les noms des possesseurs sont indiqués entre parenthèses.

Ex. : *Whose walkman is this ? (his sister)*
→ *It's his sister's walkman.*

a. Whose calculator is this ? (Tom)
b. Whose books are they ? (my friend)
c. Whose video is this ? (Jane's parents)
d. Whose house is it ? (our neighbours)
e. Whose shoes are they ? (Mike)
f. Whose daughter is Pamela ? (Mr and Mrs Jones)

2 **Traduis les questions et les réponses de l'exercice précédent.**
Ex. : À qui appartient ce baladeur ? C'est le baladeur de sa sœur *ou :* Il appartient à sa sœur.

* **3** **Encadre les *'s* cas possessif et souligne les *'s* forme contractée de *is*.**

Ex. : *Dad's office's in London.* → *Dad* [*'s*] *office* (cas possessif) *'s in London* (forme contractée de *is*).

a. John's a nice boy.
b. Our father's car's in the garage.
c. My brother's walkman's on the table.
d. Pam's Cathy's English friend.

4 **Compose des phrases à partir de ces mots en désordre.**
Ex. : *bike - is - ? - Paul - it - 's* → *Is it Paul's bike ?*

a. Sandra - new - I - 's - love - shoes
b. 's - son's - it - radio - my
c. black - uncle - cat - my - 's - and - 's - white
d. neighbour - dog - 's - our - dangerous - 's

* **5** **Peux-tu résoudre cette énigme ?**

Who's your father's child and your brother's brother or sister or your sister's sister or brother but not your brother and not your sister ?

* **6** **Regarde les objets illustrés ci-dessous. Rédige une question pour vérifier que leur propriétaire est bien celui qui est indiqué.**

Ex. : *Is it Sandra's guitar ?*

a. __________

b. __________

c. __________

d. __________

e. __________

Zoom

- Le verbe avoir exprimant la possession se dit *have got* et se conjugue de la façon suivante :

  I, you, we, they have got, he, she, it has got.

  Forme contractée : *I, you, we, they've got, he, she, it's got.*
- À la forme négative, on intercale la négation *not* entre *have* et *got*.

  I have not got, you have not got...

  Forme contractée : *I haven't got, he hasn't got...*
- À la forme interrogative, on inverse *have* et le sujet.

  Ex. : *Have you got a car ?* = Avez-vous une voiture ?
- Les *short answers* se forment ainsi :

  Has Tom got a dog ? = Tom a-t-il un chien ?

  – Yes, he has. = Oui. *– No, he hasn't.* = Non.
- Attention à ne pas confondre le *'s* de la forme contractée de *has got* avec le *'s* de la forme contractée de *is* du verbe *to be*.

1 En prenant un élément de chaque liste de mots, interroge sur la possession et réponds avec une *short answer*.

Ex. : *Paul / a bicycle / no*

→ *Has Paul got a bicycle ? No, he hasn't.*

a. Your parents / a car / yes

b. Your brother / a computer / no

c. The village / a football field / yes

* **2 Remplace le *'s* par *is* ou *has* chaque fois que c'est possible.**

John's in the park and Tom's here too. Tom's John's friend. He's got a ball and John's dog, Snoop's got a ball too. Snoop's a baby dog. It's one year old !

Words

En anglais américain, on emploie peu le verbe *have got*. Pour signifier la possession, on utilise *have* tout seul. Mais en anglais américain comme en anglais britannique, le verbe *to have* entre dans de multiples expressions.

to have a bath, a shower = prendre un bain, une douche,
to have breakfast = prendre le petit déjeuner,
to have a sandwich = manger un sandwich,
to have a drink = prendre un verre,
Have a nice day ! = Passez une bonne journée !

5 There is, there are Formation des ordinaux

Remember !

- Pour rendre l'expression « il y a », on utilise en anglais deux formules différentes : *there is* lorsque la suite est au singulier ; *there are* lorsque la suite est au pluriel.
  Ex. : *There is a cat on the sofa.*
  There are two dogs on the floor.
- Attention, si le premier mot d'une liste est au singulier, on utilise *there is*.
  Ex. : *There is a kitchen, two bedrooms and a bathroom.*
- On peut utiliser les formes contractées de *to be* :
  Ex. : *There's a cat on the sofa.*
- Pour interroger, on inverse *there* et le verbe *to be*.
  Ex. : *Are there three apples in the fridge ?*
  On peut répondre par des *short answers* : *Yes, there are.*
- Il est utile de bien connaître les prépositions : *on* = sur ; *in* = dans ; *behind* = derrière ; *in front of* = devant ; *under* = sous.

Practise !

1 Relie par une flèche *there is* ou *there are* aux membres de phrases pour les compléter.

Ex. : *There are → four bananas on the plate.*

There is	**a.** two chairs on the floor.
There are	**b.** a watch on the table.
	c. three letters under the newspaper.
	d. a boy and two girls in the family.
	e. a man in the garden.
	f. three men and a dog in the boat.

2 Récris les phrases de l'exercice précédent à la forme interrogative.

Ex. : *Are there four bananas on the plate ?*

3 **Réponds à ces questions par des réponses courtes.**

Ex. : *Are there girls in your class ? (yes) Yes, there are.*

a. Is there a man in the car ? (no)
b. Are there two boys behind me ? (yes)
c. Is there a baby in the pram ? (yes)
d. Are there old ladies in the park ? (no)
e. Is there a tomato on the table ? (no)

4 **Décris les dessins comme dans l'exemple.**

Ex. : *There are two apples on the table.*

a. __________

b. __________

c. __________

d. __________

* **5** **Pour compléter, choisis *they're* ou *there*.**

Ex. : *... in school today. → They're in school today.*

a. ... 's butter in the fridge.
b. ... are two cars in front of my house.
c. ... in front of their house.
d. ... in a boat.
e. ... 's milk on the table.
f. ... English.
g. ... 's a sofa in the living-room.

* **6** **Pour compléter, choisis *their* ou *there*.**

Ex. : *... house is big. → Their house is big.*

a. ... are three dominoes under the table.
b. ... cat is very old.
c. ... car is blue.
d. ... 's a chocolate cake on the table.
e. ... photos are very beautiful.
f. ... 's an umbrella behind the door.
g. ... baby is very fat.

Zoom

- Pour construire un nombre ordinal (ex. : « sixième, septième »), on ajoute *-th* à la fin du nombre cardinal (6, 7) correspondant, et on le fait précéder de *the*.
  Ex. : *four → the fourth ; thirteen → the thirteenth ; ninety-six → the ninety-sixth.*
- Attention, il y a quelques formes irrégulières : *one → the first ; two → the second ; three → the third ; five → the fifth ; twenty → the twentieth* (cette irrégularité se reproduit pour tous les nombres terminés par *-y*).
- On utilise les nombres ordinaux pour exprimer les titres royaux et les dates ; pour les dates, on indique d'abord le mois, puis le jour.
  Ex : *King George the sixth* = le roi George VI.
  April 2nd (prononcé "the second") = le 2 avril.

Écris les dates données ci-dessous, en abrégé, puis en entier.

Ex. : *July 17 → Today is July 17th = July the seventeenth.*

a. July, 1.

b. August, 4.

c. September, 1.

d. October, 3.

Pronunciation

- L'anglais fonctionne sur des rythmes. N'oublie pas que les inventeurs du rock'n roll sont anglophones !
- Il y a des syllabes accentuées, d'autres qui ne le sont pas. Si, en disant ton âge, tu n'accentues pas la 2e syllabe de *thir'teen* un Anglais entendra *'thirty*, c'est-à-dire 30 ans et non 13 !

Écris en lettres les paires de chiffres suivantes et indique la syllabe accentuée d'un trait vertical juste avant cette syllabe.

Ex. : *17 - 70*
→ 17 : seven'teen ; 70 : 'seventy.

a. 15 - 50. **b.** 19 - 90. **c.** 14 - 40.

6 L'article défini L'article indéfini

Remember !

- L'article indéfini (un, une) a deux formes :
  – *a* devant les mots commençant par une consonne ;
  – *an* devant les mots commençant par une voyelle.
  Ex. : *a car* = une voiture *; an egg* = un œuf.
- Il n'y a pas d'article indéfini au pluriel.
  Ex. : *boys* = des garçons.
- Il y a toujours un article indéfini devant les noms de métier.
  Ex. : *My father is a mechanic.* = Mon père est mécanicien.
- L'article défini *the* (le, la, les) est invariable en anglais.
  Ex. : *the girl* = la fille *; the cats* = les chats.
- Lorsque les noms sont pris dans un sens général, on ne met pas d'article défini. Lorsqu'ils sont pris dans un sens particulier, on le met.
  Ex. : *I love music.* = J'aime la musique. (général)
  I love the music they play on Radio III. = J'aime la musique qui passe sur Radio III. (particulier)

Practise !

1 Complète avec l'article indéfini *a* ou *an*.

Ex. : *Muffin is ... cat. → Muffin is a cat.*

a. My sister is ... artist. She's ... painter.
b. This isn't ... image, it's ... photography.
c. My brother's got ... new skate board.
d. Is it ... umbrella or ... sunshade ?
e. What's this ? It's ... apple-pie.

2 Complète avec l'article *the* uniquement si c'est nécessaire.

Ex. : *... water is a very good drink.*
→ Water is a very good drink.

a. Who is ... boy there with your brother ?
b. Look at ... flowers on ... table : they're beautiful !

c. ... chocolate is a source of energy !
d. ... houses in Hill Street are all yellow !
e. Mum's car is in ... garage.
f. Today ... wind is warm.

3 **Transcris le sens des dessins ci-dessous, conserve le cœur (❤).**

Ex. : *cats* ❤ *milk.*

a. __________

b. __________

c. __________

d. __________

e. __________

4 **Traduis les rébus précédents en français. Que remarques-tu ? Pourquoi ?**

5 **Place sous l'intitulé correspondant les phrases suivantes selon qu'elles expriment une vérité générale ou une idée particulière.**

a. England is an island.
b. Pat is the guitarist of our group.
c. The flowers in the park are all red or pink !
d. Children love Coca-Cola.
e. Mike is the boy I prefer in the class.
f. Lions live in Africa.

Idée générale	**Idée particulière**
Ex. : *Babies like milk.*	______________

Zoom...

- Pour dire que l'on fait un sport ou que l'on joue à un jeu, on ne met jamais d'article.

  Ex. : *They play cards.* = Ils jouent aux cartes.
  Tom plays rugby. = Tom fait du rugby.

- Lorsqu'il s'agit de jouer d'un instrument de musique, on utilise l'article défini *the*, sauf pour les mots pluriels.

  Ex. : *I play the violin.* = Je joue du violon.
  Paul plays drums. = Paul joue de la batterie.

Regarde les vignettes et dis à quoi les personnages jouent. Utilise les mots de la liste et aide-toi d'un dictionnaire.

cello - chess - bridge - golf - darts - drums.

Ex. : *They play chess.*

a. __________

b. __________

c. __________

d. __________

e. __________

Note ces expressions sans article :

She's at home. = Elle est chez elle.

Go home ! = Rentrez chez vous !

Time to go to bed ! = C'est l'heure d'aller au lit !

Time's up ! = C'est l'heure de la fermeture !

Breakfast, lunch, dinner is ready ! = Le petit déjeuner, le déjeuner, le dîner est prêt !

7 Much, many

Remember !

- Les noms sont dénombrables si on peut les compter.
  Ex. : 1, 2, 3 tomates.
- Ils sont indénombrables si on ne peut pas les compter.
  Ex. : le sel ; 1, 2, 3 sel est impossible.

	Phrases négatives (pas beaucoup de)	Phrases interrogatives (combien de ?)
Dénombrables	***not many*** Ex. : *There aren't many carrots.*	***how many ?*** Ex. : *How many books are there ?*
Indénombrables	***not much*** Ex. : *There isn't much milk.*	***how much ?*** Ex. : *How much money have you got ?*

- Attention ce sont des déterminants : ils doivent être suivis d'un nom.
  Ex. : *How many apples are there ?*
  = Combien y a-t-il de pommes ?
- Dans les phrases affirmatives, on utilise aujourd'hui "*a lot of*" ou "*lots of*", que le nom soit dénombrable ou non.
  Ex. : *There is a lot of milk* ou *There is lots of milk.*
  There are a lot of cars ou *There are lots of cars.*

Practise !

1 Choisis parmi les deux mots proposés le seul qui convient.

Ex. : *Have you got many (sugar ? / books ?)*
→ *Have you got many books ?*

a. Is there much (coffee ? / sweets ?)
b. There isn't much (time / letters.)
c. There aren't many (silence / animals.)
d. How much (rice / T-shirts) have you got ?

2 **Pose la question avec *how much* ou *how many*.**

Ex. : ... *books have you got ? → How many books have you got ?*

a. ... time is there ?
b. ... people are there in the street ?
c. ... salt is there in the kitchen ?
d. ... money have you got ?

3 **Choisis *a lot of, much* ou *many* selon que les phrases sont affirmatives, interrogatives ou négatives et que les mots sont dénombrables ou non.**

Ex. : *Are there ... books in your library ?*
→ Are there many books in your library ?

a. I haven't got ... time for you.
b. There is ... water in the swimming-pool.
c. He's got ... money.
d. Have they got ... dogs ?
e. How ... coffee is there in the house ?

4 **Décris les dessins comme dans l'exemple. Voici quelques mots de vocabulaire pour t'aider : *food* = nourriture ; *toys* = jouets.**

Ex. : *He's got a lot of money ;*
he hasn't got much money.

a. _ _ _ _ _ _ _ _ _ _ _ _ _

b. _ _ _ _ _ _ _ _ _ _

c. _ _ _ _ _ _ _ _ _ _

d. _ _ _ _ _ _ _ _ _ _

* **5** **Traduis en anglais.**

a. Combien d'argent y a-t-il ?
b. Combien de maisons y a-t-il ?
c. Combien de voitures y a-t-il ?
d. Combien de beurre y a-t-il ?

Zoom

Pour demander le prix de quelque chose, on pose la question avec *how much* + le verbe *to be*.

Ex. : *How much is the apple ?* = Combien coûte la pomme ?
How much are the oranges ? = Combien coûtent les oranges ? (Attention, ne pas confondre avec : *How many oranges are there ?* = Combien y a-t-il d'oranges ?)

1 Jean est au marché ; aide-la à demander aux commerçants le prix des marchandises.

Ex. : *How much is the rice ?*

a. ________________ **b.** ________________

c. ________________ **d.** ________________

2 Imagine les questions à poser pour obtenir les réponses proposées. L'objet dont tu dois demander le prix est indiqué entre parenthèses.

Ex. : *It's 10 pence (the chocolate). How much is the chocolate ?*

a. It's 50 cents (the lottery ticket).
b. They're 30 pounds (the shoes).
c. They're 2 pounds (the books).
d. It's 100 pounds (the video-game).

Words

at the grocer's = chez l'épicier, **at the baker's** = chez le boulanger, **at the doctor's** = chez le médecin, **at the dentist's** = chez le dentiste.

Les monnaies

En Grande-Bretagne : 100 pence (100 P) = 1 pound (£1) = environ 10 F.

Aux États-Unis : 100 cents (100c) = 1 dollar ($1) = environ 5 F.

Effectue ces exercices

1 Complète les phrases en ajoutant *there, their* ou *they're*.

a. ... car is new
b. ... not at home.
c. ... cats are beautiful.
d. ...'s a spider in this room !
e. ... at the cinema.
f. Are ... papers in the bag ?
g. Is ... boy happy ?

/7

2 Indique, dans chacune de ces phrases, si le *'s* est une contraction de *is,* de *has* ou s'il a une autre fonction.

a. This is John's dog.
b. He's got a new guitar.
c. It's a lovely evening.
d. She's got ten pairs of shoes !
e. My mother's bed is big.
f. The magazine's on the table.

/6

3 Pose la question correspondant à la partie soulignée de la réponse.

a. This is <u>a tennis ball</u>.
b. The dog's <u>in the garden</u>.
c. This girl is <u>Mary</u>.
d. These apples are <u>£2 a kilo</u>.
e. There are <u>twenty</u> pupils in my class.

/5

4 Complète les phrases en utilisant *who's* ou *whose*.

a. ... that girl ?
b. ... guitar is this ?

/2

Compare tes réponses avec celles des corrigés, p. 84, puis calcule ton score sur 20.

TOTAL /20

Révise ce que tu sais dire

1 Comment dis-tu ?

a. bonjour :

• le matin • l'après-midi /2

b. • ton nom • ton âge /2

c. que tu possèdes :

• un chat • un vélo /2

d. que ton frère possède :

• des livres • un ordinateur /2

e. qu'il y a : • une balle dans le jardin.

• des arbres derrière la maison. /2

2 Comment demandes-tu ?

a. • où se trouve John ? • où se trouvent les oranges ? /2

b. • qui est Betty ? • quel est son âge ? /2

c. combien coûte(nt) : • un kilo d'oranges ? • deux kilos d'oranges ? /2

d. s'il y a : • beaucoup de garçons dans ta classe ? • beaucoup d'argent dans le sac ? /2

e. à ton ami : • ce qu'il possède • combien il possède de disques /2

Entraîne-toi à dire et à demander tout ça, tu verras que tu peux déjà communiquer avec des Anglophones !

Compare tes réponses avec celles des corrigés, p. 85, puis calcule ton score sur 20.

TOTAL /20

8 Some, any, no

Remember !

Expression d'une certaine quantité de (du, de la, des).

- Dans les phrases affirmatives, on emploie *some*.
  Ex. : *There is some bread.* = Il y a du pain.
- Dans les phrases négatives, on a le choix :
  – soit on fait porter la négation sur le verbe, on emploie alors *any* ;
  Ex. : *There isn't any bread.* = Il n'y a pas de pain.
  – soit on la fait porter sur le quantificateur, alors on emploie *no*.
  Ex. : *There is no bread.* = Il n'y a pas de pain.
- Dans les réponses courtes négatives, on emploie *not any*.
  Ex. : *No, there isn't any.* = Non, il n'y en a pas.
- Dans la plupart des phrases interrogatives, on emploie *any*.
  Ex. : *Is there any bread ?* = Y a-t-il du pain ?

Practise !

1 Choisis *some* ou *any*.

Ex. : *There are … plates on the table.*
→ *There are some plates on the table.*

a. ... salt, please !
b. Are there ... letters for me today ?
c. There aren't ... balls in my room.
d. They've got ... potatoes in their garden.
e. Is there ... milk in the fridge ?

2 Remets les mots dans l'ordre pour faire une phrase.

Ex. : *Are - table - on - the - any - knives - there - ?*
→ *Are there any knives on the table ?*

a. some - the - there - kitchen - in - 's - butter
b. haven't - any - I - money - got
c. no - in - rice - the - 's - cupboard - there
d. any - at - is - tea - there - home - ?
e. got - she - any - hasn't - toys

3 **Relie par une flèche les expressions de chaque colonne pour faire des phrases correctes.**

There are	**a.** *no salt in the house.*
Ex. : *There is* →	**b.** any milk for the cat.
There isn't	**c.** no cars in the street.
There aren't	**d.** any oranges in the shop.

4 **Donne des réponses courtes aux questions suivantes.**

Ex. : *Is there any butter at home ? (yes). Yes, there is some.*

a. Are there any shoes in your room ? (no)
b. Are there any dogs in the garden ? (yes)
c. Is there any money in your bag ? (yes)
d. Are there any pupils in the class ? (no)

5 **En t'aidant des dessins, écris les questions que Betty pose au vendeur, puis les réponses négatives de celui-ci.**

Ex. : *Are there any pears ?*
No, sorry, there aren't any.

a. __________

b. __________

c. __________

d. __________

e. __________

6 **Complète la lettre que Tom a écrite à son correspondant.**

Hello, Antoine !
Today, there are ... mashed potatoes, and ... chicken to eat, but there isn't ... chocolate mousse for dessert ! Have you got ... new stamps for my collection ? I'm sorry, I haven't got ... badges for you, but when I've got ... , I'll keep them* for you !
Bye for now ! *Tom.*

**I'll keep them* = Je les garderai.

Zoom

À partir de *some* et *any*, tu peux fabriquer des familles de mots très utiles.

somebody **someone** *There's someone in the garden.* = Il y a quelqu'un dans le jardin.	**anybody** **anyone** *Anyone in ?* = Il y a quelqu'un ?	**nobody / no-one** ou **not anybody / not anyone** *There is no-one in.* ou *There isn't anyone in.* = Il n'y a personne.
somewhere *He is somewhere.* = Il est quelque part.	**anywhere** *Is he anywhere ?* = Est-il quelque part ?	**nowhere** ou **not anywhere** *He is nowhere.* ou *He isn't anywhere.* = Il n'est nulle part.
something *Something is wrong.* = Quelque chose ne va pas.	**anything** *Is there anything ?* = Y a-t-il quelque chose ?	**nothing** ou **not anything** *Nothing is right.* ou *There isn't anything right.* = Rien ne va.

* **1 Complète par *anything*, *nothing* ou *something*.**

Ex. : *Is there … wrong ? No, there's … wrong.* → *Is there anything wrong ? No, there's nothing wrong.*

a. Have you got … in your bag ? Yes, I've got … in my bag.
b. Is there … to eat ? No, there isn't … to eat.
c. Have they got … for me ? Yes, they've got … for you.

2 Traduis en anglais.

a. C'est un homme de nulle part. *(C'est le titre d'une chanson des Beatles !)*
b. Il y a quelqu'un dans le jardin ?
c. Il n'y a rien dans le garage.
d. Y a-t-il quelque chose dans le frigo ?

Words

everybody ou **everyone** = tout le monde,
everything = tout, **everywhere** = partout.

9 Le présent simple, comment le conjuguer

Remember !

- Le présent simple se construit à partir de la forme base du verbe (c'est-à-dire l'infinitif sans *to*).

- À la 3e personne du singulier, on ajoute *s* (*es* pour les verbes terminés par *-o*, *-ss*, *-sh*, *-ch*, *-x*).
  Ex. : *I, you, we, they drink water.*
  = Je, tu, vous, nous, ils, elles boivent de l'eau.
  He, she drinks water. = Il, elle boit de l'eau.

- Pour les formes interrogative et négative, on utilise l'auxiliaire *do, does* (3e personne du singulier), *do not, does not* (formes contractées : *don't, doesn't*) en respectant l'ordre suivant :
  – forme interrogative : auxiliaire + sujet + forme base ;
  – forme négative : sujet + auxiliaire négatif + forme base.
  Ex. : *Do you drink water ?* = Buvez-vous de l'eau ?
  Does Jane drink water ? = Jane boit-elle de l'eau ?
  I do not eat meat. = Je ne mange pas de viande.

- Avec l'interrogatif *who ?* (= qui ?) il n'y a pas d'auxiliaire. C'est la seule exception à la formule auxiliaire + sujet + verbe puisque *who* est le sujet de la phrase.
  Ex. : *Who comes ?* = Qui vient ?

Practise !

1 Complète avec le verbe entre parenthèses conjugué au présent simple à la forme affirmative.

Ex. : *I ... in London. (to live) → I live in London.*

a. John ... in a small village. (to live) **b.** He ... in London. (to work) **c.** In the morning he ... the train to go to his office. (to take) **d.** In winter John and his friends ... in a pub near the office. (to have lunch) **e.** In summer they all ... a sandwich and a fruit in a box. (to bring) **f.** They ... to the park for a picnic. (to go) **g.** John ... picnics. (to love)

2 **Compose des phrases selon le modèle en conjuguant le verbe entre parenthèses.**

Ex. : *I / films / the news (to watch).*
→ I watch films but I don't watch the news.

a. Jim / New-York / London. (to know)
b. Babies / milk / coffee. (to drink)
c. My brother / tennis / squash. (to play)
d. Carol / magazines / newspapers. (to read)
e. We / rock / jazz. (to like)
f. Our parents / to the theatre / to the concert. (to go)

3 **Remets les mots dans l'ordre pour former une phrase.**

Ex. : *Paul - lunch - school - have - does - ?*
→ Does Paul have lunch at school ?

a. a pub - works - in - John
b. Janet - don't - 's - pop music - parents - like
c. brother - learn - does - your - English - ?
d. many - watch - on - cartoons - children - TV

4 **Voici une liste de verbes. Retrouve celui qui convient pour expliquer par une phrase en quoi consiste le métier de chacun des personnages.**

Ex. : *John's musician. → He plays the guitar.*

to work in a restaurant - to water the flowers - to sell shoes - to drive a lot - to teach mathematics - to do injections.

a. Sam and Laura are shop-assistants.
b. Sandy's father is a teacher.
c. Pat is a nurse.
d. I am a gardener.
e. Mr Brown is a cook.
f. Mr Jones is a taxi-driver.

* **5** **Pose la question correspondant à la partie soulignée de la réponse.**

Ex. : *The English drink <u>tea</u>. → What do the English drink ?*

a. The dog sleeps <u>in the kitchen</u>.
b. The Chinese eat <u>rice</u>.
c. I like winter <u>because it snows</u>.
d. Paul's cousin <u>works in a hotel</u>.
e. In summer the Benetts have lunch <u>in their garden</u>.
f. Sandy knows <u>a famous actor</u>.

Zoom

- Pour répondre par « oui » ou par « non » à une question au présent simple, on utilise une *short answer* qui reprend : le sujet + l'auxiliaire *do* conjugué.

  Ex. : *Do they learn English ? Yes, they do.*
  = Est-ce qu'ils apprennent l'anglais ? Oui.
  Does your brother play drums ? No, he doesn't.
  = Est-ce que ton frère joue de la batterie ? Non.

- Lorsque la question est négative, on traduit la *short answer* affirmative par « si ».

  Ex. : *Don't you like popcorn ? Yes, I do.*
  = Tu n'aimes pas le popcorn ? Si.

Réponds aux questions suivantes en utilisant des *short answers*.

Ex. : *Do children like sweets ? (yes) → Yes, they do.*
a. Does your mother work ? (yes)
b. Do the English eat frogs ? (no)
c. Do you know New-York ? (no)
d. Does your father work in a garage ? (yes)
e. Don't Sam and Nigel go to the same school ? (yes)

Pronunciation

[z] et [iz]

Le *s* de la 3e personne du singulier d'un verbe conjugué au présent simple se prononce :

– **[z]** lorsque le verbe se termine par un son voyelle ;

Ex. : *he plays - he prefers - he does.*

– **[iz]** lorsque le verbe se termine par un son qui siffle ou qui chuinte (= *s, ch, ge, dge*) ; dans ce cas la terminaison est toujours *es* ;
Ex. : *he washes - she watches - he judges - she closes.*

– **[s]** ou **[z]** pour tous les autres verbes, selon que c'est le plus facile à prononcer.
Ex. : [z] *he loves - he opens.* [s] *he waits - he asks.*

Écris à la 3e personne du singulier les verbes suivants et indique entre crochets la prononciation du s.

to see - to change - to like - to cut - to wash - to go.

10 Le présent simple, quand l'utiliser

Remember !

On utilise le présent simple anglais lorsque l'on veut exprimer :
– une vérité d'ordre général ;
Ex. : *It snows in winter.* = Il neige en hiver.
– des habitudes, des occupations familières ;
Ex. : *Paul has a shower every morning.*
= Paul prend une douche tous les matins.
(On l'utilise donc avec les adverbes et locutions de fréquence : *usually* = d'habitude, *always* = toujours, *never* = jamais, *sometimes* = parfois, *often* = souvent. Ces adverbes sont toujours placés avant le verbe.)
– des goûts personnels.
Ex. : *Do you like video games ?*
= Est-ce que tu aimes les jeux vidéo ?
(On l'utilise donc avec les verbes *to like, to love* = aimer, *to hate* = détester, *to prefer* = préférer...)

Practise !

1 Complète avec le verbe entre parenthèses conjugué au présent simple.

Ex. : *Mrs Brown ... to the hairdresser's on Saturdays. (to go)*
→ *Mrs Brown goes to the hairdresser's on Saturdays.*

a. ... it ... in Africa ? (to snow)
b. People ... a lot of beer in the pubs. (to drink)
c. My sister ... early on Mondays. (to get up)
d. Why ... nurses ... a uniform ? (to wear)
e. The English ... frogs ! (not to eat)
f. I ... to school every day. (to walk)

2 Observe les dessins. Ils représentent des activités habituelles de Peter. Chacune est associée à une fréquence. Fais des phrases suivant le modèle.

Ex. : *Peter has a shower every morning.*

a. __________

b. __________

c. __________

d. __________

e. __________

* **3 Pose les questions qui ont entraîné les réponses données.**

Ex. : *I live in London. Where ... ? → Where do you live ?*

a. Sally wants to go to the concert. Where ... ?
b. My brother hates school. What ... ?
c. Dad always gets up first. Who ... ?
d. John's parents work in a bank. Where ... ?
e. Jill loves Michael Jackson. Who ... ?

4 Remplace les pictogrammes par le verbe *to like* conjugué à la forme affirmative (☺), négative (☹) ou interrogative (?).

Ex. : *Mike (☺) hamburgers. → Mike likes hamburgers.*

a. My little sister (☺) cartoons.
b. You (?) mathematics ?
c. I'm not Popeye, I (☹) spinach.
d. My father (☺) old black and white films.
e. Your friend (?) vanilla ice cream on warm apple pie too ?
f. My neighbours (☹) cats.

5 Remets dans l'ordre les mots de ces phrases interrogatives.

Ex. : *cry - she - does - why - ? → Why does she cry ?*

a. play - often - your - drums - does - brother - ?
b. do - spend - the Browns - where - summer holidays - their - ?
c. Jim - what time - get up - does - usually - ?
d. the - why - children - hurry - do - ?
e. new - Jim's - know - do - you - neighbours - ?
f. your - want - what - you - for - do - birthday - ?

Zoom

- Il ne faut pas confondre *do, does*, auxiliaire de conjugaison du présent simple, avec le verbe *to do*, équivalent du verbe français « faire ».

  Ex. : *She does not like homework.*
  = Elle n'aime pas les devoirs.
  She never does her homework.
  = Elle ne fait jamais ses devoirs.

- Il ne faut pas oublier d'utiliser l'auxiliaire *do, does* pour conjuguer les formes interrogative et négative du présent simple du verbe *to do*.

  Ex. : *Do you do your homework after dinner ?*
  = Est-ce que tu fais tes devoirs après le dîner ?

Regarde le tableau de répartition des tâches dans la famille Brown. À l'aide de la légende des pictogrammes, explique qui fait quoi et quand.

Ex. : *Tom and Sandra do their homework everyday.*

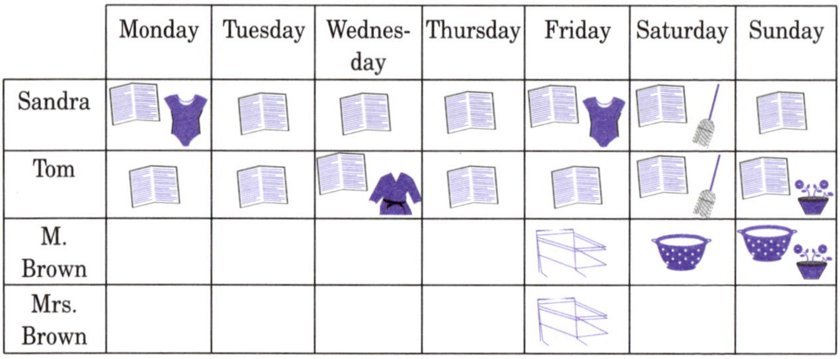

: homework ; : judo ; : gymnastics ; : gardening ;

: shopping ; : housework ; : washing-up.

Words

to do judo, boxing, gymnastics
= faire du judo, de la boxe, de la gymnastique.

a nice hairdo = une jolie coiffure.

How do you do ? = Comment vas-tu ? Comment allez-vous ?

I've got things to do. = J'ai des choses à faire.

11 Can

Remember !

- Pour exprimer le fait de pouvoir et celui de savoir, l'anglais emploie *can*.
  Ex. : *I can lift ten kilos.* = Je peux soulever dix kilos.
  I can read. = Je sais lire.
- On l'emploie aussi pour demander et donner la permission.
- Ce n'est pas un verbe comme les autres, on l'appelle verbe modal :
  – il n'existe pas à tous les temps ;
  – il n'a pas d'infinitif ;
  – il est auxiliaire, suivi d'un verbe à la forme base.
- *Can* est invariable au présent.
  Ex. : *He can swim.* = Il sait nager.
- Puisqu'il est auxiliaire, on le construit, à la forme interrogative, selon la formule habituelle : auxiliaire + sujet + verbe.
  Ex. : *Can you do it ? Yes, I can.*
  = Peux-tu le faire ? Oui.
- La forme négative pleine est *cannot*, contractée, *can't*.
  Ex. : *Can they do it ? No they cannot (can't).*
  = Peuvent-ils le faire ? Non.

Practise !

1 Demande la permission à quelqu'un, comme dans l'exemple.

Ex : *I want to play tennis. → Can I play tennis ?*

a. They want to go to the cinema.
b. She wants to read this book.
c. The cat wants to go out in the garden.
d. The children want to watch television.
e. I want to go to Great Britain.

2 **Explique ces images en utilisant *can't* + un verbe de la liste.**
cook - drive - sing - read - swim.

Ex : *It can't read.*

a. __________

b. __________

c. __________

d. __________

3 **Rétablis l'ordre des mots dans les phrases.**

Ex : *of - can't - children - one - walk - before - year - age*
→ Children can't walk before one year of age.

a. you - milk - fetch - can - the - ?
b. remember - holidays - can - her - she
c. can't - they - football - play
d. see - you - red - this - can't - light - ?

4 **Traduis en français.**

a. Can they stay with us ?
b. She can come tonight.
c. I can't ride a bicycle.
d. Can't you help me ?

5 **Pose les questions dont voici les réponses.**

Ex : *No, she can't speak English. → Can she speak English ?*

a. Yes, she can ride a bike.
b. No, we can't sleep with all this noise !
c. Yes, they can carry a heavy bag.
d. Yes, he can play the piano.

6 **Donne des réponses courtes aux questions suivantes.**

Ex : *Can we smoke ? (no) → No, you can't.*

a. Can you hear the bell ? (yes)
b. Can she understand me ? (no)
c. Can they speak German ? (yes)
d. Can he come now ? (no)

Zoom

Can s'utilise en anglais devant les verbes de perception (*to see, to hear, to smell*) et devant certains autres verbes comme *to find, to remember*. Tu ne le traduiras donc pas en français, mais tu dois penser à l'utiliser en anglais !

Ex : *I can't find my bag.* = Je ne trouve pas mon sac.

1 Explique les images.

Ex : *He can hear.*

a. __________

b. __________

c. __________

d. __________

* **2 Traduis en anglais.**

a. Elle ne voit rien.
b. Il se souvient de ses vacances.
c. Ils ne trouvent pas leur chien.
d. Je sens un caillou dans ma chaussure.
e. Nous entendons la cloche de l'église.

Words

to see	= voir,	**to feel**	= sentir, ressentir,
to hear	= entendre,	**to smell**	= sentir (une odeur),
to find	= trouver,	**to remember**	= se souvenir de.

12 Les pronoms personnels compléments

Remember !

	Pronoms personnels sujets	Pronoms personnels compléments
Singulier	*I* *you* *he, she, it*	*me* *you* *him, her, it*
Pluriel	*we* *you* *they*	*us* *you* *them*

- Les pronoms personnels compléments en anglais ont la même forme, qu'ils soient compléments d'objet directs, indirects ou seconds, ce qui est plus facile qu'en français !
- Le pronom personnel complément est toujours placé après le verbe :
  Ex. : *Do you know him ?* = Le connaissez-vous ?
- La forme *her* du pronom personnel complément, 3e personne du singulier, féminin, est semblable à celle de l'adjectif possessif *her* (quand quelque chose appartient à une fille). Ne les confonds pas.

Practise !

1 Remplace le dessin par le pronom personnel qui convient.

Ex. : *She loves*  … . → *She loves him.*

a. We play with  … .

b. I work with  … .

c. What can I do with ... ?

d. I help ... .

2 **Réponds très affirmativement aux questions.**

Ex. : *Do you know Beth ? → Of course, I know her !*

a. Does Rose know this street ? Of course, ...
b. Do the boys know Tom ? Of course, ...
c. Do you know Susie ? Of course, ...
d. Does Tom know you two ? Of course, ...

3 **Voici de curieuses affirmations ! Pose la question comme dans l'exemple.**

Ex. : *I know the President. → Do you really know him ?*

a. She knows Keanu Reeves.
b. They know the Blues Brothers.
c. I know Madonna.
d. He knows the Antarctic.

4 **Remplace les sujets et les compléments par des pronoms personnels.**

Ex. : *Rosie likes Tom → She likes him.*

a. Daddy reads for you and me.
b. Tom loves his tennis rackets.
c. Mary and Julia carry a bag.
d. The cat plays with Ann.

5 **Remets les mots de la phrase dans le bon ordre.**

Ex. : *us - don't - to - with - like - play - they*
→ They don't like to play with us.

a. see - you - can - them - ?
b. like - you - don't - it - ?
c. very - I - know - well - her - don't
d. often - plays - me - with - she

* **6** **Reconstruis les phrases : le sujet devient complément, le complément, sujet.**

Ex. : *We like you, and you like us.*

a. They can hear us, and ...
b. I phone you, and ...
c. We watch it, and ...
d. You love him and ...

Zoom

- L'anglais n'est pas la copie exacte du français... et vice-versa : certains verbes prennent un complément d'objet direct en anglais là où il faut un complément d'objet indirect en français.

  Ex. : *I phone Tom every day.*
  = Je téléphone à Tom tous les jours.

- À l'inverse, il faut parfois une préposition avant le complément, là où en français le verbe est transitif.

  Ex. : *Look at this !* = Regarde ça !

1 Traduis en anglais en t'aidant de la rubrique « Words » ci-dessous.

a. Écoute-nous !
b. Je leur téléphone.
c. Tu l'attends (elle).
d. Regarde-le !
e. Demande du pain !

2 Ajoute une préposition, s'il en faut une, et rien s'il n'en faut pas.

a. They pass ... their exam easily.
b. They wait ... us every evening.
c. We listen ... it all the time.
d. They phone ... him every day.
e. She always asks ... sweets.

Words

to wait for = attendre,
to look at = regarder,
to listen to = écouter,
to pass an exam = réussir à un examen,
to phone somebody = téléphoner à quelqu'un,
to ask for something = demander quelque chose.

Il y en a beaucoup d'autres que tu apprendras petit à petit.

13 Le présent en *-ing*, comment le conjuguer

Remember !

- Tu as appris une forme du présent, le présent simple.
  Ex : *I work.*
- Il existe en anglais une autre forme qu'on appelle présent en *-ing* (présent progressif), dont l'usage est particulier.
- Le présent en *-ing* se forme grâce à l'auxiliaire *to be* conjugué au présent + le verbe à la forme base auquel on ajoute la terminaison *-ing*.
  Sujet (1) + auxiliaire (2) + verbe en *-ing* (3).
  Ex : *I* (1) *am* (2) *working* (3).
- Pour poser une question, on utilise la formule :
  auxiliaire (2) + sujet (1) + verbe en *-ing* (3).
  Ex. : *Are* (2) *you* (1) *working* (3) *? Yes, I am ; No, I'm not.*
- On utilise le présent en *-ing* pour parler d'une action qui est en cours, en train de se dérouler.
  Ex : *I am working now.*

Practise !

1 Relie par une flèche les deux membres de phrase qui correspondent.

Ex. : **a.** *The monkeys* → **2.** *are eating bananas.*

a. *The monkeys*
b. The girl
c. The cat
d. The children
e. The man

1. is driving his car.
2. *are eating bananas.*
3. is brushing her hair.
4. are speaking English.
5. is eating a mouse.

2 Conjugue au présent en *-ing* le verbe entre parenthèses.

Ex. : *We (to work) at the moment.*
→ *We are working at the moment.*

a. She (to sit) in the car. **b.** They (to wear) blue trousers. **c.** I (to walk) along the street. **d.** They (to make) a film.

3 **Réponds aux questions en utilisant les verbes de la liste. Aide-toi des images.**

to watch - to write - to play - to read - to swim.

Ex. : *What are you doing ?*
I am writing a letter.

a. What's she doing ?

_ _ _ _ _ _ _ _ _ _ _ _

b. What are they doing ?

_ _ _ _ _ _ _ _ _ _

c. What are you doing ?

_ _ _ _ _ _ _ _ _ _

d. What 's he doing ?

_ _ _ _ _ _ _ _ _ _

4 **Dis ce que fait chacun des habitants de la maison, en t'aidant de la liste des verbes.**

to watch TV - to read - to have tea - to play cards - to sleep.

Ex. : *Mummy is watching TV.*

* **5** **Pose la question qui correspond à la partie soulignée de la réponse.**

Ex. : *She is listening to the radio.* → *What is she listening to ?*

a. He is coming this afternoon. **b.** She is reading *Jane Eyre*.
c. I am working. **d.** They are playing in the garden.

Zoom

- Pour terminer une phrase et montrer une réaction (par exemple, la surprise, ou le fait qu'on est d'accord), mais sans vraiment attendre de réponse, en français, on dit « n'est-ce pas ? », ou bien « non ? ». En anglais, on utilise les *question-tags*.
- Ils se forment en reprenant l'auxiliaire de la phrase + le sujet sous forme de pronom personnel. Il faut utiliser la forme négative si la phrase était affirmative, ou la forme affirmative si la phrase était négative.

  Ex. : *The girls are working, aren't they ? The girls aren't working, are they ? Rosie can swim, can't she ? Rosie can't swim, can she ? You smoke, don't you ? You don't smoke, do you ?*
- Il y a une exception : *I am working, aren't I ?*
- Attention : utilise l'auxiliaire qui convient !

Complète avec le *question-tag* qui convient.

Ex. : *You aren't coming, are you ?*

a. He isn't reading, ...
b. She can't play with us, ...
c. They don't know you, ...
d. I'm not playing, ...
e. I don't like it, ...
f. You can read, ...
g. She is playing, ...
h. They are singing, ...

Pronunciation

[ɑ:] [æ] **et** [ɒ]

Il y a plusieurs sons qui correspondent à la lettre *a* en anglais : le son [ɑ:] de *car*, le son [æ] de *cat*, le son [ɒ] de *watch*.

Classe les mots suivants en trois colonnes selon qu'ils correspondent à ces trois prononciations.

are - am - aren't - wash - park - what - black - tart - fat.

	[ɑ:]	[æ]	[ɒ]
Ex. :	car	cat	watch
	________	________	________
	________	________	________

14 Quand utiliser le présent simple ou le présent en *-ing*

Remember !

- Le présent en *-ing* s'utilise pour exprimer une action qui se déroule en ce moment *(now, at the moment)*.

  Ex. : *I'm watching you now.*

  = Je suis en train de te regarder.

- Le présent simple s'utilise pour exprimer des vérités générales, permanentes, ou pour les actions répétées, habituelles *(always, never, often, sometimes)*.

  Ex. : *I watch TV every week-end.*

  = Je regarde la télévision tous les week-ends.

Practise !

1 Conjugue le verbe entre parenthèses à la forme du présent qui convient selon le sens de la phrase.

Ex. : *(rise) Look ! The sun …*

→ Look ! The sun is rising.

(rise) It always … at five o'clock.

→ It always rises at five o'clock.

a. (drink) They often ... beer. They ... it in the pub now.
b. (sell). She ... tickets for the show now. Every day she ... stamps.
c. (play) Listen ! He ... the piano. He ... five hours a week.
d. (do) I ... my homework every evening. I ... my maths now.

2 L'inspecteur Pym suit un suspect ; il rapporte ce qu'il voit. Complète ce qu'il dit avec les verbes à la forme qui convient.

Ex. : *He (to go) into the coffee-bar.*

→ He is going into the coffee-bar.

a. He (to sit) at a corner table.
b. He (to drink) a cup of coffee.
c. He (to pay) for his drink.
d. He (to leave) the coffee-bar.

3 **Sergeant Lively est surpris car le suspect fait cela tous les jours ! Reprends et adapte les phrases de l'exercice précédent.**

Ex. : *But, he goes into the coffee-bar every morning !*

* **4** **Conjugue le verbe à la forme du présent qui convient.**

a. Come and play with us ! I can't : I (to work) now !
b. Mummy always (to cook) dinner at seven o'clock.
c. Mr and Mrs Smith often (to go) to Italy in summer.
d. We (to go) to the swimming-pool ! Come with us !

5 **Ajoute *now* ou *always* aux phrases suivantes.**

Ex. : *She is reading.* → *She is reading now.*
She has breakfast at seven.
→ *She always has breakfast at seven.*

a. They have a tomato sandwich for lunch.
b. We are buying hats.
c. We go on holiday in summer.
d. You're not enjoying the show.

6 **Relie par une flèche les deux membres de phrase qui correspondent.**

Ex. : **a.** *He* → **2.** *isn't swimming now ; he's got a cold.*

a. *He*	**1.** are playing cards now.
b. Mummy often	**2.** *isn't swimming now ; he's got a cold.*
c. Mummy	**3.** play cards in the evening.
d. We always	**4.** is singing in her bath now.
e. We	**5.** swims in the lake.
f. He sometimes	**6.** sings when she is happy.

7 **Remets les mots des phrases dans le bon ordre.**

Ex. : *good - a - film - is - she - watching*
→ *She is watching a good film.*

a. for - are - waiting - them - you - ?
b. Grandma - coffee - always - in - drinks - morning - the
c. music - to - she - listening - is - ?
d. often - come - do - here - you - ?
e. don't - a - read - they - books - lot of

Zoom

Il y a un certain nombre de verbes que l'on n'utilise pas au présent en *-ing* :

- ceux qui représentent des vérités générales *(to know, to want, to like, to love* = savoir, vouloir, aimer, adorer) ;
- et aussi les verbes de perception *(to hear, to see* = entendre, voir).

  Ex. : *Can you see it ? Yes, I see it. Yes, I'm looking at it.*

1 Traduis en anglais.

a. Je sais ma grammaire anglaise.
b. Il veut une pomme.
c. Nous aimons le chocolat.
d. Elle sent le froid de la pluie.
e. Mon frère adore le foot.

2 Complète avec les *tags* qui conviennent.

Ex. : *You don't know him, do you ?*
a. You like the Beatles, ...
b. She wants to come with us, ...
c. We don't want to drink, ...
d. They don't hear very well, ...
e. He doesn't know your sister, ...

Words

Adverbes de fréquence

• **S'utilisent avec le verbe au présent simple :**
always = toujours, **often** = souvent,
sometimes = parfois, **never** = jamais,
usually = d'habitude, **generally** = en général,
from time to time / now and again = de temps en temps.

• **S'utilisent avec le verbe au présent en *-ing* :**
right now = en ce moment, tout de suite,
at the moment = pour le moment,
at once / immediatly = immédiatement, tout de suite.

Révision 2

Effectue ces exercices

1 Utilise la forme du présent qui convient.

a. She always (to work) in the evenings.
b. We (to speak) English now.
c. He (to want) to be a singer.
d. They never (to eat) meat : they're vegetarians !
e. I (to phone) my friend at the moment.
f. You (to come) right now.

/6

2 Pose les questions correspondant à la partie soulignée de la réponse.

a. I am coming at <u>9 o'clock</u>.
b. <u>Yes</u>, we often play the piano.
c. We <u>are eating</u> bread.
d. <u>No</u>, we don't play in the middle of the street.
e. We always go to <u>Wales</u> for our holidays.

/5

3 Utilise comme il convient *some, any, no* ou leurs composés.

a. He hasn't got ... in his pockets.
b. Has the school got ... computers ?
c. There is ... coffee on the table.
d. There is ... on the phone for you.
e. There isn't ... wrong with me.

/5

4 Remplace les mots soulignés par le pronom personnel qui convient.

a. <u>John and Tom</u> play with <u>Simon</u>.
b. <u>You and I</u> are working with <u>Susan</u>.

/4

Compare tes réponses avec celles des corrigés, p. 89, puis calcule ton score sur 20.

TOTAL /20

Révise ce que tu sais dire

1 Comment dis-tu ?

a. • que tu es en train de travailler
• que tu travailles tous les jours /2

b. • que tu joues avec lui
• que tu joues avec elle /2

c. • qu'il y a quelque chose dans le frigo
• qu'il n'y a rien dans le frigo /2

d. • que tu sais lire
• que tu ne peux pas courir 50 km /2

e. • que tu ne trouves pas tes chaussures
• que tu ne te souviens plus de l'anniversaire de ta sœur. /2

2 Comment demandes-tu à un ami ?

a. • s'il peut venir ?
• s'il parle anglais ? /2

b. • s'il est en train de lire ?
• s'il fait souvent du vélo ? /2

c. • s'il entend bien ?
• s'il voit bien ? /2

d. • s'il veut jouer ?
• s'il peut t'aider ? /2

e. • s'il sait nager ?
• si sa sœur dort ? /2

Entraîne-toi à dire et demander tout ça, tu verras que tu peux déjà communiquer avec des Anglophones !

Compare tes réponses avec celles des corrigés, pp. 89-90, puis calcule ton score sur 20. TOTAL /20

15 L'adjectif qualificatif

Remember !

- L'adjectif épithète se place toujours avant le nom qu'il qualifie, même s'il y a plusieurs adjectifs épithètes et quel que soit leur nombre.
  Ex. : *a difficult exercise* = un exercice difficile.
  a big, new, comfortable house = une nouvelle maison grande et confortable.
- Qu'il soit épithète ou attribut, l'adjectif qualificatif est invariable.
  Ex. : *a nice boy* = un garçon gentil.
  a nice girl = une fille gentille.
  These children are nice. = Ces enfants sont gentils.

Practise !

1 Donne une légende à chaque dessin. Utilise les adjectifs de la liste.

poor - new - tall - heavy - delicious - old.

Ex. : *A tall girl.*

a. __________

b. __________

c. __________

d. __________

e. __________

2 **Transforme les adjectifs attributs en épithètes.**

Ex. : *This boy is tall. → He is a tall boy.*

a. This girl is pretty.
b. This cat is extraordinary.
c. This group is famous.
d. This man is rich.
e. This film is exciting.
f. This house is small.

3 **Transforme les phrases suivantes en rassemblant les adjectifs en une série d'épithètes.**

Ex. : *Sandra's got a nice brother : he's tall and strong.*
→ She's got a nice, tall and strong brother.

a. They've got a big car : it's new and green.
b. Mary's got a small cat : it's brown, white and funny.
c. I've got a beautiful dress : it's fashionable and expensive.
d. Tom's brother's got a strange moped : it's old and dirty.

4 **Construis des phrases à partir des éléments donnés, comme dans l'exemple.**

Ex. : *Sandra / to read a book / funny. → Sandra is reading a funny book ; she always reads funny books.*

a. The twins / to watch a film / exciting.
b. Patty / to buy a jacket / expensive.
c. Mum / to cook a chicken / delicious.
d. My sister / to do a painting / horrible.

* **5** **Complète les phrases avec un des adjectifs proposés. Ensuite, donne la traduction de l'adjectif utilisé dans chaque phrase. (Souviens-toi que l'adjectif est invariable en anglais, mais pas en français.)**

high - good - heavy - black.

Ex. : *Grandma always makes ... cakes.*
→ Grandma always makes good cakes. (bons)

a. In New York the buildings are very ... .
b. Dictionaries are ... books.
c. Batman always wears a ... mask.
d. Castles have got ... towers.
e. My grand mother can't carry her suitcase because it's too ... .
f. Italian pizzas are always ... .

6 **Remets en ordre les mots des phrases suivantes.**

Ex. : *our - has got - old - uncle - an - house - uncomfortable*
→ Our uncle has got an uncomfortable old house.

a. do - dishwasher - dirty - you - put - the - plates - in the - ?
b. food - I - Chinese - like
c. have got - friends - English - Mum and Dad - nice
d. bedroom - the - wallpaper - the - big - yellow - in - is

Zoom

- Les adjectifs de nationalité sont toujours écrits avec une majuscule.
  Ex. : *a French car* = une voiture française.
- Certains adjectifs de nationalité peuvent être employés comme noms pour désigner les peuples.
- Parmi ceux-ci, certains restent invariables.
  Ex. : *The English, the French, the Japanese, the Chinese...*
  = les Anglais, les Français, les Japonais, les Chinois...
- D'autres font exception et prennent un *s* au pluriel.
  Ex. : *The Germans, the Americans, the Italians, the Russians, the Moroccans...* = les Allemands, les Américains, les Italiens, les Russes, les Marocains...

1 Transforme les phrases suivant le modèle.

Ex. : *These cars are from Germany. → They are German cars.*
a. This newspaper is from America.
b. This paella comes from Spain.
c. This teapot is from England.
d. These kilts are from Scotland.
e. This kimono is from Japan.

*** 2 Complète avec le nom des peuples qui convient.**

Ex. : *... eat a lot of pasta. → The Italians eat a lot of pasta.*
a. ... drink tea.
b. ... eat rice.
c. ... produce caviar.
d. ... make about 300 different cheeses.
e. ... invented hamburgers.

Words

La couleur des cheveux

black hair = les cheveux noirs ;
fair hair = les cheveux blonds ;
dark hair = les cheveux bruns ;
red hair = les cheveux roux ;
brown hair = les cheveux châtains.
Note que **hair** (cheveux) est toujours au singulier.

16 Comment dire l'heure

Remember !

- L'heure exacte est indiquée par ses chiffres suivis de *o'clock*.
  Ex. : *It's six o'clock.* = Il est six heures.
- Dans les autres cas, on donne toujours les minutes d'abord et le chiffre de l'heure, ensuite.
- Les 30 premières minutes sont "*past*" : « après » l'heure.
  Ex. : *It's ten past six.* = Il est six heures dix.
- Les 30 minutes suivantes sont "*to*" : « avant » l'heure.
  Ex. : *It's ten to six.* = Il est six heures moins dix.
- Pour dire « et quart », on dit *(a) quarter past.*
  Pour dire « moins le quart », on dit *(a) quarter to.*
- Pour dire « la demie », on dit *half past.*

Practise !

1 Écris en lettres l'heure indiquée par les aiguilles des cadrans.

 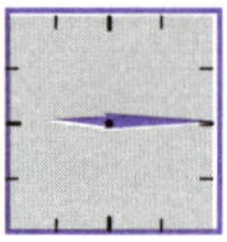 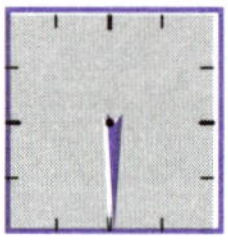 

Ex. : *It's one o'clock.* **a.** ______ **b.** ______ **c.** ______

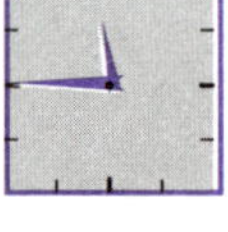 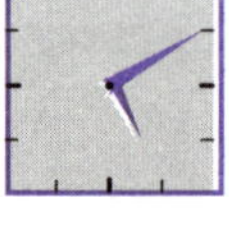 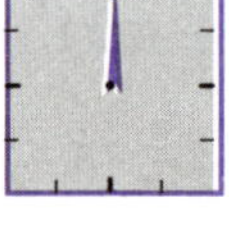

d. ______ **e.** ______ **f.** ______

2 Place les aiguilles en fonction des heures données.

Ex. : *It's three o'clock.* **a.** It's quarter past eleven. **b.** It's twenty-five past eight. **c.** It's half past two.

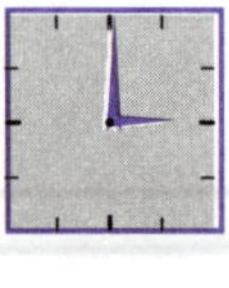 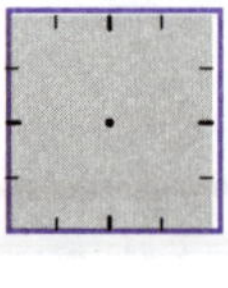 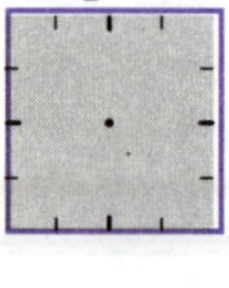 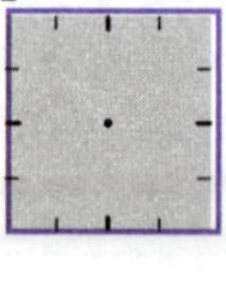

d. It's quarter to seven.

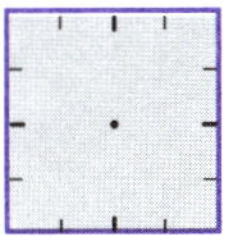

e. It's five to two.

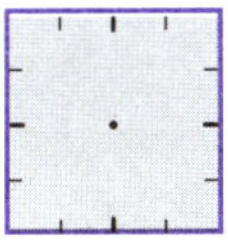

f. It's four o'clock.

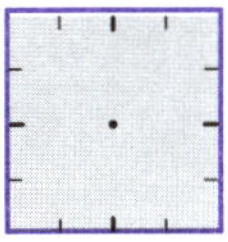

3 **Voici, en images, un dimanche typique de Tom. Écris en lettres les horaires de ses activités en t'aidant de la liste de verbes.**

to have lunch - to get up - to play rugby - to have a bath - to watch TV - to go to bed.

Ex. : *Tom gets up at quarter past ten.*

a. __________

b. __________

c. __________

d. __________

e. __________

4 **Suivant les goûts exprimés par chacun, écris la chaîne et l'horaire, en lettres, de l'émission qu'ils regardent.**

Ex. : *Mum loves cooking. → She watches BBC1 at half past six.*

BBC1 : 6.00 News - **6.35** Weather forecast - **6.30** Good Cooking ! - **6.45** Games - **7.10** Children BBC : Blue Peter - **7.35** The Prime Minister answers your questions - **8.00** Film.

Channel 4 : 6.05 Save the Planet : dirty Oceans - **6.20** Documentary : Desert Animals - **6.55** Cartoons - **7.15** Antique automobiles : The International Road Show - **7.30** Music : Top of the Pops - **7.40** A Question of Sports - **8.00** The Bookworm.

a. Tom loves sports and music. **b.** Grandma wants to know the weather. **c.** Grandpa loves old cars and games. **d.** Dad loves politics. **e.** Jenny loves ecology and animals. **f.** The twins love children programmes. **g.** Mum loves reading.

Zoom...

- On compte les heures de 1 à 12 avant midi, puis de 1 à 12 avant minuit.
- On ne dira jamais 14 heures, 20 heures... Cette façon de dire l'heure n'est employée que par les militaires ou pour les horaires des transports internationaux (avions, trains...).
- On distingue les 12 heures avant midi par l'abréviation du latin *ante meridiem*, "a.m.", et les 12 heures avant minuit, par l'abréviation de *post meridiem*, "p.m."

  Ex. : *They go to bed at 10 p.m.* = Ils vont se coucher à 22 heures (*ou* : à 10 heures du soir).
- Lorsqu'on utilise "a.m." ou "p.m.", pour les heures justes il est inutile d'ajouter *o'clock*.

1 Écris en lettres les horaires cités.

10 : 10 — 11 : 45

Ex. : *It's ten past ten a.m.* **a.** ___________

15 : 00 — 17 : 40 — 23 : 30

b. ___________ **c.** ___________ **d.** ___________

*** 2 En utilisant les indications de décalage horaire données entre parenthèses, réponds aux questions.**

Ex. : *It's seven a.m. in Cape Town.*

It's six a.m. in London. What time is it in Cape Town (+ 1), in Sydney (+ 10), in Los Angeles (– 8), in New York (– 5), in Bombay (+ 5), in Hong Kong (+ 8) ?

Words

It's about four o'clock.	= Il est environ 4 heures.
It's nearly four o'clock.	= Il est presque 4 heures.
noon	= midi.
midnight	= minuit.
closed from 1 to 2 p.m.	= fermé entre 13 et 14 heures.
opening hours	= heures d'ouverture.

17 Le *preterit*, comment le conjuguer

Remember !

- Le *preterit* sert à exprimer le passé. Il se traduit par l'imparfait, le passé composé ou le passé simple, suivant le contexte.
- Pour conjuguer un verbe au *preterit*, on utilise la forme base du verbe (c'est-à-dire l'infinitif sans *to*). On lui ajoute, à toutes les personnes, la terminaison *ed* (*d* si le verbe se termine par un *e*).
  Ex. : *She watched TV yesterday.*
  = Elle a regardé la télévision hier.
- Pour les formes interrogative et négative, on utilise l'auxiliaire *did, did not* (forme contractée : *didn't*) en respectant l'ordre habituel :
  – forme interrogative : auxiliaire + sujet + forme base ;
  – forme négative : sujet + auxiliaire négatif + forme base.
  Ex. : *Did you watch TV yesterday ?*
  I did not (I didn't) watch TV yesterday.
- Pour construire une *short answer*, on reprend l'auxiliaire *did*.
  Ex. : *Did you call me yesterday ?*
  → *Yes, I did. No, I didn't.*

Practise !

1 Complète les légendes à l'aide des verbes donnés.

to watch - to phone - to discover - to play - to park - to water.

Ex. : *Yesterday, Dad watered the flowers.*

a. Last week-end, Paul and Tom _____

b. Last night, Mary _____

c. In 1492, Columbus _ _ _ _ _ _ _ _ _

d. Yesterday, Jenny _ _ _ _ _ _ _ _ _

e. This morning, Mum _ _ _ _ _ _ _ _ _

2 **Remets les mots en ordre pour faire des phrases correctes.**

Ex. : *did - your - where - meet - mum - your - dad - ?*
→ *Where did your mum meet your dad ?*

a. difficult - a - asked - us - question - the - teacher
b. destroyed - my - the - home - neighbour - fire - 's
c. John - look ! - water - the - not - did - garden
d. because - repeat - you - they - not - hear - did - !

3 **Réagis aux affirmations suivantes en les contredisant.**

Ex. : *Dad didn't wash the car.* → *Yes, he did.*
Mrs Jones played the cello in a Chamber orchestra.
→ *No, she didn't.*

a. Your sister didn't help you with your maths exercise.
b. Paul and Tom waited for her a long time.
c. You didn't want to play with him.
d. You and your friend Paul watched two films on TV.

4 **Dis que tu as fait quelque chose de différent des autres.**

Ex. : *My brother played football / rugby.*
→ *I didn't play football, I played rugby.*

a. Tom arrived late / early.
b. They parked in front of the church / behind the baker's.
c. Paul preferred the seaside / the mountains.
d. The children liked the cartoons / the film.

* **5** **Trouve la question correspondant à la partie soulignée des phrases proposées.**

Ex. : *Dad washed our car last week.*
→ *What did Dad wash last week ?*

a. The train arrived at half past six p.m. yesterday.
b. Paul stayed at home last week because of the snow.
c. His cousin played the violin at Christmas.
d. She lived near the swimming-pool last year.
e. The Higgins moved to London in July.

Zoom

Pour préciser combien de temps s'est écoulé depuis qu'une action a eu lieu, on utilise le *preterit* et l'adverbe *ago* que l'on traduit par « il y a ». Il ne faut pas confondre *ago* avec *there is / there are* qui se traduisent aussi par « il y a » mais qui ont une valeur descriptive.

Ex. : *John arrived from London four weeks ago.*
= John est arrivé de Londres il y a quatre semaines.
There are four weeks in a month.
= Il y a quatre semaines dans un mois.
There is a book on the table.
= Il y a un livre sur la table.

Relie par un trait la question et sa réponse.

Ex : **a.** *How many pupils are there in the class ?*
b. Why can't you make a sandwich ?
c. What's under your bed ?
d. Isn't it the Browns' house ?
e. When did it happen ?
f. When did Tom call you ?

1. No, they moved six months ago.
2. He phoned two weeks ago.
3. There isn't any bread.
4. *There are twenty-six.*
5. There are some old pairs of shoes.
6. It happened ten years ago, I think.

Pronunciation

La terminaison (ed)

La terminaison *ed* peut se prononcer de trois manières : [t], [d] ou [id] :

- [d] après un son voyelle. Ex : *he played, he preferred.*
- [t] ou [d] selon que c'est plus facile après une consonne autre que "t" ou "d". Ex. : *I liked*[t], *they loved*[d].
- [id] après "t" ou "d". Ex : *he wanted, he added.*

Classe en trois colonnes [t] [d] [id] les prononciations des verbes suivants :

he lied - I stopped - you wanted - we travelled - you watched - they decided.

18 Les verbes irréguliers au *preterit*

Remember !

- Un certain nombre de verbes ont un *preterit* irrégulier qui a une forme unique à toutes les personnes. Chacun étant particulier, il est indispensable de les savoir par cœur.

  Ex. : *to speak → I spoke, you spoke... ;*
  to buy → I bought, you bought... ; etc.

- Au *preterit*, le *y* final des verbes comme *to carry, to hurry, to cry...* se transforme en *ied*.

  Ex. : *He hurried because he was late.*
  = Il se dépêchait parce qu'il était en retard.

- Aux formes interrogative et négative, les verbes irréguliers autres que *to be* se construisent de la même façon que les verbes réguliers en utilisant l'auxiliaire *did, did not, didn't*.

  Ex. : *Did you buy this record ? Yes I did. No I didn't.*
  = As-tu acheté ce disque ? Oui. Non.

Practise !

1 Écris des phrases au *preterit*.

Ex. : *Tom / to read a book → Tom read a book.*

a. Mum and Dad / to go to the restaurant.
b. You / to do the shopping.
c. Jenny, Pam and I / to see a film.
d. My sister / to write a letter.

2 Réponds aux questions comme dans l'exemple.

Ex. : *Do you want to speak to John ?*
→ No, I don't, I spoke to him yesterday.

a. Does Mary want to go to the cinema this afternoon ?
b. Do you want to eat spaghetti at dinner ?
c. Do your parents want to buy any new compact discs ?
d. Does your brother want to take photos today ?
e. Do we want to sleep in a hotel tonight ?

3 **Relie par une flèche la question et sa réponse.**

Ex. : **a.** *Whose birthday was it yesterday ?*	**1.** It was seven.
b. How old was he ?	**2.** No, I didn't.
c. What time did you get up this morning ?	**3.** He was seven.
d. Did you have a bath ?	**4.** *It was Teddy's.*
e. Did your brothers have breakfast in the kitchen ?	**5.** No, they didn't, they drove.
f. Did your parents take the bus to go to work ?	**6.** No, they didn't, they had it in bed !

4 **Hier l'inspecteur Pym a suivi le suspect Johnny. Complète son rapport avec les verbes de la liste donnée.**

to read - to take - to buy - to go - to meet - to sit.

a. Johnny ... first to the newsagent's. **b.** Then, he ... some cigarettes near the station. **c.** Next, he ... down on a chair in the park and ... his newspaper. **d.** He ... his friend Nicky the Flappy. **e.** They ... a taxi back home.

5 **Johnny a un alibi. Il apporte les preuves de ce qu'il a fait hier. Regarde-les et utilise les verbes donnés pour décrire en quatre phrases ce qu'il a fait.**

Ex. : *He went to the cinema.*

a. to have lunch. **b.** to take the train. **c.** to see a match. **d.** to drink a cup of coffee.

* **6** **Pose la question qui permettra de trouver le renseignement manquant.**

Ex. : *The Bennetts went to Spain ... .*
→ *When did the Bennetts go to Spain ?*

a. Tom knew ...'s brother very well.
b. I took the ... to go to school.
c. My cousins left at ... o'clock last night.
d. John's new rollers were £ ... .
e. Mary hurried because ... .

Zoom

- Le premier des verbes irréguliers est le verbe *to be*.

  I was, you were, he, she, it was, we, you, they were.
  = J'étais, tu étais... *ou bien :* J'ai été, tu as été...
  ou encore : Je fus, tu fus...

- À la forme interrogative, on place *was* et *were* avant le sujet.

  Ex. : *Was he late ? Were they late ?*
  = Étai(en)t-il(s) en retard ?

- À la forme négative, on utilise *not* placé après *was* ou *were* et que l'on peut contracter.

  Ex. : *He was not happy (He wasn't happy).*
  = Il n'était pas content.

1 Complète avec *was* ou *were*.

Ex. : ... *Tom ill yesterday ?* → *Was Tom ill yesterday ?*

a. Where ... you last night ?
b. How old ... Tom's grandparents when the washing machine ... invented ?
c. What ... that noise ?
d. How much ... the blue dress ?
e. There ... any cars in the street this morning.
f. No, the baby ... in bed at eight !

*** 2 Complète par *was*, *were* ou *did*.**

Ex. : *Turner ... a famous English painter.*
→ *Turner was a famous English painter.*

a. Leonardo Da Vinci ... a famous painter too, he ... Italian.
b. ... Mona Lisa his wife ?
c. ... he paint many women ?
d. ... his paintings successful when he ... young ?
e. ... you know he ... an architect too ?
f. ... his contemporaries like his paintings ?

Words

to find, I found	= trouver,	**to give, I gave**	= donner,
to come, I came	= venir,	**to go, I went**	= aller,
to take, I took	= prendre,	**to meet, I met**	= rencontrer,
to eat, I ate	= manger,	**to buy, I bought**	= acheter.

19 Comparer en utilisant les adjectifs qualificatifs

Remember !

- On distingue les adjectifs courts (1 seule syllabe : *old, nice*, ou 2 syllabes et terminés par un *y* : *funny, pretty*) et les adjectifs longs (2 syllabes ou plus : *boring, beautiful*).

	Adjectifs courts	**Adjectifs longs**
Comparatif de supériorité « plus ... que »	• adjectif + terminaison *-er* + *than* Ex. : *John is older than Paul.* • Pour les adjectifs en *-y*, celui-ci se transforme en *i*. Ex. : *Sandra is prettier than Kim.*	*more* + adjectif + *than* Ex. : *A man is more intelligent than a dog.*
Comparatif d'égalité « aussi ... que »	*as ... as ...* Ex. : *John is as old as Paul.* *A dog is as intelligent as a cat.*	

- À la forme négative, *not as... as...* « pas aussi... que » permet de rendre le comparatif d'infériorité « moins... que ».
  Ex. : *The sea is not as cold as a lake.* = La mer est moins froide (*ou* La mer n'est pas aussi froide) qu'un lac.

Practise !

1 **Exprime l'idée que le premier élément des phrases suivantes l'emporte sur le deuxième.**

Ex. : *The Eiffel Tower / Tower Bridge / high*
→ *Tower Bridge is high but the Eiffel Tower is higher.*

a. a cheesecake / an ice cream / delicious
b. an ostrich / a giraffe / fast
c. Donald / Popeye / funny
d. An elephant / a rhinoceros / enormous

2 **Écris en toutes lettres les inégalités ci-dessous, en t'aidant de la liste d'adjectifs proposée.**

pretty - comfortable - wild - sunny - fast - cold.

Ex. : *Sandra ≠ Betty → Sandra isn't as pretty as Betty.*

a. England ≠ Italy
b. a bus ≠ a train
c. shoes ≠ slippers
d. October ≠ January
e. parrot ≠ fox

3 **Réagis aux affirmations suivantes comme dans l'exemple, en choisissant l'adjectif dont tu as besoin dans la liste proposée.**

easy - cheap - small - heavy - quiet.

Ex. : *This bag is too heavy. → Have you got a lighter bag ?*

a. This jumper is too big.
b. This menu is too expensive.
c. This English book is too difficult.
d. This room is too noisy.

4 **Écris en toutes lettres les égalités ci-dessous, en t'aidant de la liste d'adjectifs proposée.**

pretty - tall - strong - horrible - dangerous - exciting.

Ex. : *Sandra = Betty → Sandra is as pretty as Betty.*

a. Dracula = The Frankenstein monster
b. an orang-outang = a lion
c. Superman = Tarzan
d. Tom = his dad
e. a concert = a film

* **5** **Écris des comparaisons de supériorité en choisissant un élément de chaque colonne du tableau et en commençant tes phrases par *I think*.**

Ex. : *I think western films are more interesting than documentaries.*

a. western films	difficult	Mary
b. long hair	fast	rollerskating
c. skateboarding	young	Michael Jackson
d. John	pretty	documentaries
e. Beethoven	interesting	short hair
f. a car	famous	a moped

Zoom

- Certains adjectifs ont un comparatif de supériorité irrégulier.

  Ex. : *good* → *better* = bon, en forme → meilleur, mieux
  bad, ill → *worse* = mal, mauvais, malade → pire
  far → *farther* = éloigné → plus éloigné
- D'autres adjectifs ont une orthographe du comparatif irrégulière :

  Ex. : *big* → *bigger* = gros, grand → plus gros, plus grand
  fat → *fatter* = gros, gras → plus gros, plus gras
- Avec les adjectifs irréguliers, le deuxième terme de la comparaison reste introduit par *than*.

1 Réagis aux affirmations suivantes en donnant ton avis sur le premier élément de la phrase.

Ex. : *Cornflakes and rice crispies are good.*
→ *I think cornflakes are better.*

a. Canadian and Danish winters are bad.
b. Jogging and aerobic are good for your health.
c. Australia and Brazil are far from France.
d. Paul and his sister are ill.
e. London and Paris are big cities.

2 Tom est malade ! Dans sa lettre à Antoine, tous les comparatifs sont effacés : retrouve-les.

Dear Antoine,
I am writing in my bed because I'm ill. But yesterday was ... than today and Mum called the doctor. He lives very far from here, ... than the airport. His medicine tastes very bad, ... than rotten eggs ! Today I feel well, much ... than yesterday and I can read. Dad offered me an enormous book, ... than a dictionary : it's got 976 pages ! Bye ! *Tom.*

Words — Quelques adjectifs utilisés pour la météo

hot = très chaud, brûlant,
cold = froid,
warm = chaud,

a windy day = un jour avec du vent,
a rainy day = un jour pluvieux,
a sunny day = une journée ensoleillée.

20 Must

Remember !

- L'obligation peut être exprimée par *must* en anglais. *Must* est un verbe modal comme *can*. Il n'existe qu'au présent. Il est auxiliaire, il est suivi du verbe à la forme base, il est invariable.

  Ex. : *He must eat, he's much too thin.*
  = Il doit manger, il est beaucoup trop mince.

- Attention, en français, il existe la tournure personnelle : « Tu dois manger », ou la tournure impersonnelle : « Il faut que tu manges ». En anglais, seule la tournure personnelle "*You must eat*" existe.

- La forme négative, l'interdiction, est *must not*, forme contractée *mustn't* (le premier "*t*" ne se prononce pas).

Practise !

1 Relie les phrases des deux colonnes en ajoutant *must* ou *mustn't*, selon le sens.

Ex. : *He is ill. → He must go to the doctor's.*

a. This is an excellent film.	**1.** We ... buy a present for her.
b. It's her birthday tomorrow.	**2.** You ... go to school then !
c. I feel ill.	**3.** She ... go to bed early.
d. She is very tired.	**4.** We ... go and see it.

2 Remets les mots de la phrase dans le bon ordre.

a. mustn't - you - force - her - to - the - to - cinema - go
b. alone - you - me - tonight - leave - must - ?
c. my - tomorrow - must - exam - practise - I - is - :
d. she - now - late - must - she - go - is - ,

3 Complète les phrases en t'aidant de l'image.

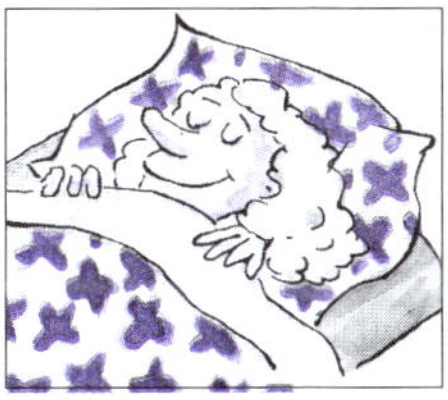

Ex. : *She worked a lot yesterday. She must sleep now.*

a. He ate a lot of food.

_ _ _ _ _ _ _ _ _ _ _

b. They played a lot of tennis.

_ _ _ _ _ _ _ _ _ _ _

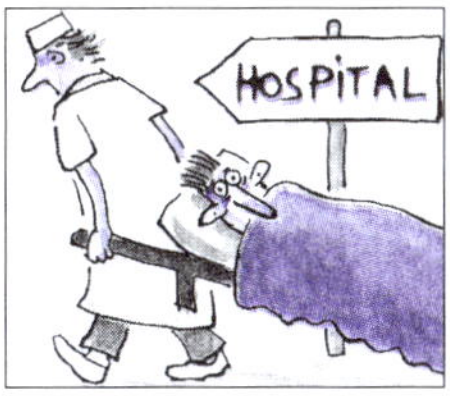

c. You had an accident.

_ _ _ _ _ _ _ _ _ _ _

d. She played morning and afternoon.

_ _ _ _ _ _ _ _ _ _ _

4 Complète les phrases en posant des questions avec *must*.

Ex. : *I can't come and play with you. (work)*
→ *Must you really work ?*

a. She can't come to the zoo. (stay at home)
b. They can't come to the cinema. (watch TV)
c. I can't have tea with you. (go shopping)
d. We can't play cards with you. (leave)

5 Choisis *can*, *can't*, *must* ou *mustn't*.

Ex. : *You mustn't park here : there's a no-parking sign.*

a. They ... have my ball : I don't want it any more !
b. She ... sing all night : she has the voice of an opera singer.
c. I ... see anything : switch the light on !
d. You ... smoke. It's very bad for you.

6 Utilise les *question-tags* qui conviennent.

Ex. : *You must stop him, mustn't you ?*

a. He must wash his hands, ...
b. They mustn't drive through the traffic lights, ...
c. They mustn't smoke, ...
d. I must work tonight, ...

Zoom

• Attention, en français « Je ne dois pas » peut vouloir dire « C'est interdit – Je ne suis pas obligé ». En anglais, *mustn't* représente uniquement l'interdiction.

Ex. : *You mustn't cross the street when the lights are red.*

1 **En utilisant les verbes de la liste ci-dessous, indique ce que tu n'as pas le droit de faire dans ce parc.**

to catch the fish - to throw papers - to sit on the grass - to walk one's dog - to eat a picnic.

Ex. : *I mustn't catch the fish.*

* **2** **Donne la réponse en choisissant entre *can't* (impossibilité) et *mustn't* (interdiction).**

Ex. : *Can Tom speak German ? No, he can't.*

a. Can I eat more chocolates ?
b. Can you find your key ?
c. Can he play football in the middle of the street ?
d. Can the cat come down from the tree ?
e. Can I drive up a street with a no-entry sign ?

Words

on the road	= sur la route,
in the street	= dans la rue,
a no-parking sign	= un panneau d'interdiction de stationner,
a one-way street	= une rue à sens unique,
a traffic-light	= un feu rouge,
a no-entry sign	= un sens interdit,
a dead-end street	= une impasse.

21 Le futur proche

Remember !

On exprime l'idée de futur proche en utilisant :

– le présent en *-ing*, pour exprimer des projets ;

Ex. : *Are you coming to see us, tonight ?*
= Est-ce que tu viens nous voir ce soir ?

– la forme "*to be going to*" + verbe, pour exprimer une intention, une conviction au futur proche.

Ex. : *I am going to buy a car.* = Je vais acheter une voiture.
It's going to rain. = Il va pleuvoir.

Practise !

1 **À l'aide de l'image, écris une phrase concernant tes projets.**

Ex. :  *I ... to London on Monday.*
→ *I am flying to London on Monday.*

a.  I ... at seven o'clock tomorrow.

b.  I ... to school today.

c. 

I ... to the cinema tonight.

d.  I ... my homework this evening.

2 **Relie les deux membres des phrases des deux colonnes en utilisant *to be going to*.**

Ex. : *He loves paintings. → He is going to visit the Louvre.*

a. I love clowns. → go to the circus
b. You are working. → take an exam
c. He is wearing shorts. → play in the match
d. We love Italian food. → eat spaghetti
e. They love football. → watch the game on TV
f. She is sad. → cry
g. I am tired. → go to bed

3 **Remets les mots de la phrase dans le bon ordre.**

Ex. : *chicken - to - cook - Paul - a - is - going*
→ Paul is going to cook a chicken.

a. we - to - going - wash - are - car - the
b. to - us - tonight - they - visit - coming - are
c. going - go - States - to - you - the - are - summer - to - this - ?
d. new - he - to - going - write - book - a - is

4 **Transforme les phrases comme dans l'exemple.**

Ex. : *They are planning to buy a house.*
→ They are going to buy a house.

a. I am planning to catch the train tomorrow.
b. She is planning to become an actress.
c. Are you planning to change cars ?
d. We aren't planning to move to Ireland.

5 **Pose les questions correspondant aux réponses proposées.**

Ex. : *Yes, I'm working tonight. → Are you working tonight ?*

a. No, she isn't going to Germany this summer.
b. Yes, we're going to invite them.
c. Yes, I'm watching a film this evening.
d. No, they aren't going to read all night.
e. Yes, they are going to buy a new car.
f. Yes, he is coming tonight.
g. No, I'm not going to listen to you.

* **6** **Traduis en anglais.**

a. Nous n'allons pas attendre Tom.
b. Vont-ils passer un mois en Espagne ?
c. Est-ce que tu joues ce soir ?
d. Vous allez prendre votre appareil photo.
e. Est-ce que tu vas arrêter de fumer bientôt ? (to give up smoking)
f. Tu ne dois pas chanter ! Il va pleuvoir.

Zoom

Pour exprimer une suggestion, on peut employer plusieurs expressions :

Ex. : *Shall we go swimming ?* = Si nous allions nager ?
Why don't we go swimming ?
= Pourquoi ne pas aller nager ?
Let's go swimming ! = Allons donc nager !

En t'aidant de l'image, fais des suggestions.

Ex. : *Let's play tennis.*

a. Shall we _________ ?

b. Why don't we _________ ?

c. Let's _________

d. Shall we _________ ?

Pronunciation

[u], [u:], [ɔ], [ɔ:] et [əʊ]

Dans *tomorrow*, il y a trois sons différents pour la lettre *o*, le son [u] de *to*, [ɔ] de *mo*, [əʊ] de *row* ; on trouve aussi le son [ɔ:] comme *door* ou [u:] comme *moon*.

Classe les mots suivants en cinq colonnes, selon que le *o* correspond à l'une de ces cinq prononciations :

go - lot - more - road - got - shoe - do - bore - cook - book.

	[u]	[ɔ]	[əʊ]	[ɔ:]	[u:]
Ex. :	cook	got	go	born	do
	____	____	____	____	____

Révision 3

Effectue ces exercices

1 **Fais des phrases au *preterit*.**

a. Yesterday, she (to drive) my car.
b. Last month, they (to go) to Italy.
c. Two hundred years ago, people (not to wash).
d. Last week-end, we (not to play) very much.
e. This morning, I (to feel) sick.
f. When (to go) they to Italy ?

/6

2 **Nie ces affirmations (réponses courtes).**

a. You were ill, yesterday.
b. They had roastbeef for dinner.
c. They played Cluedo last night.
d. She read my book.
e. We went to the theatre last week.

/5

3 **Voici des réponses. Pose les questions qui correspondent.**

a. No, I didn't touch your bike.
b. Yes, they came for a visit last year.
c. Yes, you can play with my model planes.
d. No, she didn't read very well.
e. No, don't bring your food ; it's not necessary.

/5

4 **Utilise des comparatifs de supériorité.**

a. Is your car (big) than my car ?
b. Are your jeans (expensive) than her jeans ?
c. Are your dogs (old) than Jack's ?
d. Are your cassettes (good) than my cassettes ?

/4

Compare tes réponses avec celles des corrigés, **p. 95,** **puis calcule ton score sur 20.**

TOTAL /20

Révise ce que tu sais dire

1 Comment dis-tu ?

a. • qu'il faut que tu te dépêches
• qu'il est interdit de fumer /2

b. • que tu travaillais hier
• que tu chantais hier /2

c. • que tu ne te battais pas
• que tu ne pleurais pas /2

d. • que ton frère était plus grand,
plus courageux, plus fort que Tom /3

e. • que tu étais aussi intelligent que lui /1

2 Comment demandes-tu à un ami ?

a. • quand il est parti ?
• quand il a l'intention de partir ? /2

b. • si le film est meilleur que le livre
• si le film est pire que le livre /2

c. • si New-York est plus loin de Paris que Moscou ?
• s'il faut que tu apprennes à parler
le chinois ? /2

d. • s'il a bien compris ?
• s'il est aussi grand que toi ? /2

e. • s'il faut vraiment qu'il s'en aille ?
• s'il va sortir ce soir ? /2

Entraîne-toi à dire et demander tout ça, tu verras que tu peux déjà communiquer avec des Anglophones !

Compare tes réponses avec celles des corrigés, p. 95, puis calcule ton score sur 20.

TOTAL /20

Tests

TEST 1 : Savoir poser une question et y répondre

Si tu as des difficultés pour réaliser ce test ou si tu commets beaucoup d'erreurs, revois les chapitres 1, 2, 5, 9, 10, 11, 13, 17 et 20.

1 Choisis l'auxiliaire qui convient et coche la bonne case.

	do	*does*	*did*	*is*	*are*
a. What ... you have for dinner yesterday ?	☐	☐	☐	☐	☐
b. ... Mary like rock'n roll ?	☐	☐	☐	☐	☐
c. What ... the twins going to do ?	☐	☐	☐	☐	☐
d. ... Betty's mother sleeping ?	☐	☐	☐	☐	☐
e. Where ... you live ?	☐	☐	☐	☐	☐

2 Choisis l'interrogatif qui convient et coche la bonne case.

	how much	*whose*	*how many*	*where*
a. ... were the shoes you bought yesterday ? £30 !	☐	☐	☐	☐
b. ... do you go for Christmas ?	☐	☐	☐	☐
c. ... pens did Tony lose this year ?	☐	☐	☐	☐
d. ... racket is this ? Is it Tom's ?	☐	☐	☐	☐
e. ... milk is there in the fridge ?	☐	☐	☐	☐

3 Coche la case de la réponse courte qui convient.

a. Were you at home yesterday ?	*Yes, I was.* ☐	*Yes, I did.* ☐
b. Can Laura swim ?	*Yes, she must.* ☐	*Yes, she can.* ☐
c. Do you like tea ?	*No, I don't.* ☐	*No, I'm not.* ☐
d. Must they go now ?	*Yes, they do.* ☐	*Yes, they must.* ☐
e. Does Tom play the piano ?	*Yes, he can.* ☐	*Yes, he does.* ☐

4 Trouve l'interrogatif qui convient et coche la bonne case.

	who	*what*
a. ... 's the matter with Tom ? Is he sick ?	☐	☐
b. ... 's this girl ? Is she your cousin ?	☐	☐
c. ... 's this strange piece of plastic ?	☐	☐
d. ... happened ? A car accident !	☐	☐
e. ... helped you with your maths exercises ? Your brother ?	☐	☐

Compare tes réponses avec celles des corrigés, p. 95, puis calcule ton score sur 20.

TOTAL	/20

TEST 2 : *Savoir conjuguer un verbe*

Si tu as des difficultés pour réaliser ce test ou si tu commets beaucoup d'erreurs, revois les chapitres 9, 10, 13, 14, 17, 18 et 21.

1 Choisis le temps qui convient, présent simple ou présent en *-ing*, et coche la bonne case.

	go	*goes*	*going*
a. Where are you ... ?	☐	☐	☐
b. Tom ... to the cinema on Sundays.	☐	☐	☐
c. We are all ... to Grandma's on Sunday.	☐	☐	☐
d. The twins .. to bed at half past eight.	☐	☐	☐
e. Our friends don't often ... skiing.	☐	☐	☐

2 Choisis l'auxiliaire qui convient et coche la bonne case.

	do	*did*	*does*	*is*	*are*
a. The English ... not eat frogs.	☐	☐	☐	☐	☐
b. Tom and his friends ... playing cards in the garden.	☐	☐	☐	☐	☐
c. What ... you do last Christmas ?	☐	☐	☐	☐	☐
d. Carrie ... not like music.	☐	☐	☐	☐	☐
e. Who ... knocking at the door ?	☐	☐	☐	☐	☐

3 Identifie le temps employé et coche la case qui convient.

	présent simple	*présent en -ing*	*preterit*	*futur*
a. Tom's going to have a picnic with his cousins.	☐	☐	☐	☐
b. Sandra read a very good book last week-end.	☐	☐	☐	☐
c. She and her brother Tom read a lot !	☐	☐	☐	☐
d. I'm having an exam next week !	☐	☐	☐	☐
e. Mum often goes shopping at lunchtime.	☐	☐	☐	☐

4 Choisis la forme verbale qui convient en cochant la bonne case.

	are eating	*ate*	*eat*	*is eating*	*eats*
a. Tom's sick, he ... too much chocolate yesterday.	☐	☐	☐	☐	☐
b. I can't ... sugar.	☐	☐	☐	☐	☐
c. We ... an excellent pudding tonight !	☐	☐	☐	☐	☐
d. Look out ! The dog ... your slipper !	☐	☐	☐	☐	☐
e. Sandra always ... a lot of sweets.	☐	☐	☐	☐	☐

Compare tes réponses avec celles des corrigés, p. 95-96, puis calcule ton score sur 20.

TOTAL /20

TEST 3 : Savoir utiliser les déterminants

Si tu as des difficultés pour réaliser ce test ou si tu commets beaucoup d'erreurs, revois les chapitres 3 et 6.

1 Coche la case qui convient, selon qu'il faut *the*, *a* ou rien (Ø).

	the	*a*	*Ø*
a. My rabbit likes ... carrots.	☐	☐	☐
b. Mr Jones is ... mechanic.	☐	☐	☐
c. ... cats in our village are fat.	☐	☐	☐
d. ... cats are often fat !	☐	☐	☐
e. In Italy, ... weather is always fine.	☐	☐	☐

2 Coche la case qui convient, selon qu'il faut *his, her* ou *their*.

	his	*her*	*their*
a. John is happy : ... rollers are repaired.	☐	☐	☐
b. The British like ... Queen !	☐	☐	☐
c. Jenny and ... sister are at the cinema.	☐	☐	☐
d. Tom and ... sister are going to visit Antoine.	☐	☐	☐
e. They are washing ... hair.	☐	☐	☐

3 Coche la case qui correspond au déterminant qui convient.

	whose	*the*	*a*
a. ... cat is it ?	☐	☐	☐
b. Look ! Is it ... tomato ?	☐	☐	☐
c. Where is ... salt and pepper ?	☐	☐	☐
d. ... shoes are they ?	☐	☐	☐
e. Is it ... good idea ?	☐	☐	☐

4 Coche la case qui convient, selon qu'il faut *a, an* ou rien (Ø).

	a	*an*	*Ø*
a. It is ... American film.	☐	☐	☐
b. Mummy bought ... apples for pudding.	☐	☐	☐
c. Tom is eating ... enormous piece of cake.	☐	☐	☐
d. He always eats ... enormous pieces of cake.	☐	☐	☐
e. No, you are not ... fool !	☐	☐	☐

Compare tes réponses avec celles des corrigés, p. 96, puis calcule ton score sur 20.

TOTAL /20

TEST 4 : *Savoir utiliser les quantificateurs*

Si tu as des difficultés pour réaliser ce test ou si tu commets beaucoup d'erreurs, revois les chapitres 7 et 8.

1 Coche la case qui convient selon qu'il faut *some, any* ou *no*.

	some	*any*	*no*
a. Is there ... orange juice in the fridge ?	☐	☐	☐
b. Give me ... sweets, please.	☐	☐	☐
c. Sorry, but there are ... sweets here.	☐	☐	☐
d. I haven't got ... clean T-shirts.	☐	☐	☐
e. Tom's got ... new records.	☐	☐	☐

2 Coche la case qui convient.

	how much	*how many*
a. ... milk is there in the fridge ?	☐	☐
b. ... was your new dress ?	☐	☐
c. ... hamburgers can you eat for lunch ?	☐	☐
d. ... exercises must you do ?	☐	☐
e. ... pupils are there in your class ?	☐	☐

3 Coche la case qui convient.

	much	*many*
a. Sorry, I haven't got ... time.	☐	☐
b. She doesn't ask ... questions.	☐	☐
c. There isn't ... sand on this beach.	☐	☐
d. The children don't make ... noise today.	☐	☐
e. You don't make ... mistakes.	☐	☐

4 Coche la case qui convient.

	someone	*something*	*somewhere*
a. I ate ... strange yesterday !	☐	☐	☐
b. She lives ... in Africa.	☐	☐	☐
c. He met ... at the supermarket.	☐	☐	☐
d. ... asked me to phone you.	☐	☐	☐
e. I lost my key ... in the street.	☐	☐	☐

Compare tes réponses avec celles des corrigés, p. 96, puis calcule ton score sur 20.

TOTAL	/20

TEST 5 : Savoir comparer à l'aide d'adjectifs

Si tu as des difficultés pour réaliser ce test ou si tu commets beaucoup d'erreurs, revois les chapitres 15 et 19.

1 Coche la case qui convient.

	adjectif long	*adjectif court*
a. clever	☐	☐
b. dirty	☐	☐
c. boring	☐	☐
d. curious	☐	☐
e. easy	☐	☐

2 Coche la case qui indique la bonne formation des comparatifs de supériorité.

	-er	*more*
a. Cats are ... curious ... than dogs.	☐	☐
b. A mouse is ... small ... than an elephant.	☐	☐
c. Mount Everest is ... high ... than Ben Nevis.	☐	☐
d. A Rolls Royce is ... comfortable ... than an Austin Mini.	☐	☐
e. Rap music is ... modern ... than tango music.	☐	☐

3 Coche la case qui convient en fonction du sens.

	as ... as	*more ... than*
a. Italy is not ... hot ... Morocco.	☐	☐
b. Cobras are not ... dangerous ... pythons.	☐	☐
c. Tower Bridge is ... ancient ... the Empire State Building.	☐	☐
d. Diamonds are ... precious ... emeralds.	☐	☐
e. Cinderella is ... beautiful ... her sisters.	☐	☐

4 Coche la case qui correspond au comparatif de supériorité des mots donnés.

	better	*farther*	*worse*
a. ill.	☐	☐	☐
b. good.	☐	☐	☐
c. far.	☐	☐	☐
d. bad.	☐	☐	☐
e. well.	☐	☐	☐

Compare tes réponses avec celles des corrigés, p. 96, puis calcule ton score sur 20.

TOTAL /20

TEST 6 : Savoir utiliser les modaux

Si tu as des difficultés pour réaliser ce test ou si tu commets beaucoup d'erreurs, revois les chapitres 11 et 20.

1 Coche la case qui convient en fonction du sens.

	can	*can't*
a. Old people ... hear very well.	☐	☐
b. The baby is crying : he ... sleep.	☐	☐
c. Children ... read at the age of seven.	☐	☐
d. A cat ... see better than a man.	☐	☐
e. Animals ... read.	☐	☐

2 Coche la case qui convient.

	must	*mustn't*
a. You ... watch TV after 10 p.m.	☐	☐
b. You ... work in front of the TV set.	☐	☐
c. You ... eat well at breakfast.	☐	☐
d. You ... forget your parents' birthday.	☐	☐
e. You ... brush your teeth in the evening.	☐	☐

3 Coche la case qui convient.

	can	*must*
a. You ... play music if you like.	☐	☐
b. ... we open the window ? It's very hot.	☐	☐
c. ... we open the window ? It's very cold.	☐	☐
d. I ... hurry ; I'm late.	☐	☐
e. I ... smell a delicious chocolate cake !	☐	☐

4 Coche la case qui convient.

	can't	*mustn't*
a. I ... speak Swahili.	☐	☐
b. You ... throw papers in the street.	☐	☐
c. You ... cross the street when the lights are red.	☐	☐
d. A child ... eat 50 kilos of sweets.	☐	☐
e. Cows ... sing.	☐	☐

Compare tes réponses avec celles des corrigés, p. 96, puis calcule ton score sur 20.

TOTAL	/20

1 Le verbe *to be*

Practise !

1. a. John and Mary **are** English. **b.** You **are** French. **c.** Mr Mac Donald **is** a teacher. **d.** The exercise **is** difficult. **e.** The cat **is** black. **f.** We **are** in France.

2. b. 5 ; **c.** 4 ; **d.** 1 ; **e.** 3.

3. b. Are Mary and Laura friends ? **c.** Is the film fantastic ? **d.** Are Antoine and you French ? **e.** Is Mrs Brown a doctor ?

4. a. Dracula **isn't** a clown. **b.** Hamburgers **aren't** cakes. **c.** Mickey **isn't** a dog. **d.** We **aren't** in England. **e.** Pizzas **aren't** Japanese.

5. a. We're friends ! **b. It**'s delicious ! **c. They**'re at the bus-stop. **d. She**'s a policewoman. **e.** Look ! **He**'s a man.

6. a. I'm not English. **b.** Are you French ? **c.** Paul and John are at school. **d.** English is not difficult.

Zoom

c. Yes, they are. **d.** Yes, he is. **e.** Yes, I am. **f.** No, we aren't (*ou bien :* No, we're not). **g.** Yes, they are.

Pronunciation

Sous [i:] : she, we, be. Sous [i] : is, it.

2 Interrogatives avec *to be*

Practise !

1. a. Where is your dog ? **b.** What colour is a banana ? **c.** Are the clowns funny ? **d.** Are Cathy and John in England ? **e.** Why are the children happy ?

2. a. where. **b.** who ; how. **c.** when. **d.** what. **e.** why.

3. a. What colour are bananas ? **b.** Who's your favourite actor ? **c.** Are the children at school ? **d.** Where is the ball ? **e.** Is it Monday today ? **f.** Why are the windows open ?

4. a. 6 ; **b.** 2 ; **c.** 1, 4 ; **d.** 3, 7.

5. Hello Tom ! Thank you for the photos ! **What's** the name of your dog ? **Is** your mother a teacher too ? **Are** your brother and sister twins ? I've got one sister and a goldfish, Lulu. Your house is fantastic. **Where** is it ? In a village ? My home is in the centre of Avignon. You know **why** ? Because we haven't got a car ! Bye ! *Antoine*.

Zoom

1. a. How old is she ? **b.** How old are they ? **c.** How old are you ? **d.** How old is it ? **e.** How old is he ?

2. a. The car is seventy years old. **b.** The cat is three. **c.** The church is six hundred fifty years old. **d.** The twins are eight.

3 Les adjectifs possessifs et *whose*

Practise !

1. a. I'm at the swimming-pool with **my** family. It's **our/my** dog. **b.** I love **its** colour. **c.** It's **his** new English teacher. **d.** The Jones are on holidays with **their** new camper. **e.** This is Sarah and **her** French friend Camille. **f.** It's **my** birthday. **g.** What's **your** nationality ? **h.** This restaurant is very good and **its** menus are not expensive. **i.** This is my favourite actor, I love **his** eyes ! **j.** We all love gym because **our** gym teacher is fantastic.

2. a. her brother and her sister. **b.** their teacher. **c.** your exercise. **d.** his tennis racket. **e.** our computer. **f.** its window.

Remarque : l'adjectif possessif est invariable, il est donc inchangé au singulier.

3. a. leur père → their → father.

b. tes stylos → your → pens.

c. ta maison → your → house.

d. son chien → his, her → dog.

e. ses amies → his, her → friends.

4. Mary : dog, house, glasses, books, black shoes.
John : house, pen, white shoes, goldfish, cat.

5. a. Is this your new bicycle ? **b.** The woman is twenty-five and her husband is twenty-five too. **c.** Is your cousin from London or from York ? **d.** This is our new neighbour and his son Bob. **e.** Julia and her friend are at the cinema.

6. a. John's not at home, **he's** in the park. **b.** Look at the house, all **its** windows are open ! **c.** **Your** brother is 12 and **you're** 12 too because **you're** twins ! **d.** My grand father and **his** old friend are at the hospital. **e.** What's this ? **It's** an old photo.

Zoom

1. a. Whose car is it ? **b.** Whose bedroom is it ? **c.** Whose ice skates are they ? **d.** Whose computer is it ? **e.** Whose bone is it ? **f.** Whose socks are they ?

2. a. Whose car is it ? **b.** Who's this boy ? **c.** Whose roller blades are they ? **d.** Who's your English teacher this year ? **e.** I know who's her favourite actor. **f.** Whose parents are they ?

4 Le cas possessif et *have got*

Practise !

1. a. It's Tom's calculator. **b.** They are my friend's books. **c.** It's Jane's parents' video. **d.** It's our neighbours' house. **e.** They are Mike's shoes. **f.** She's Mr and Mrs Jones's daughter.

2. a. À qui appartient cette calculette ? C'est la calculette de Tom. / Elle appartient à Tom. **b.** À qui appartiennent ces livres ? Ce sont les livres de mon ami(e). / Ils appartiennent à mon ami(e). **c.** À qui appartient ce magnétoscope ? C'est le magnétoscope des parents de Jane. / Il appartient aux parents de Jane. **d.** À qui appartient cette maison ? C'est la maison de nos voisins. / Elle appartient à nos voisins. **e.** À qui appartiennent ces chaussures ? Ce sont les chaussures de Mike. / Elles appartiennent à Mike. **f.** De qui Pamela est-elle la fille ? C'est la fille de M. et Mme Jones.

3. a. 's = is. **b.** father's car = cas possessif ; car's in the garage = is in the garage. **c.** my brother's walkman = cas possessif ; 's on the table = is on the table. **d.** Pam's = Pam is ; Cathy's English friend = cas possessif.

4. a. I love Sandra's new shoes. **b.** It's my son's radio. **c.** My uncle's cat's black and white. **d.** Our neighbour's dog's dangerous.

5. C'est toi !
Tu es bien l'enfant de ton père et le frère (si tu es un garçon) ou la sœur (si tu es une fille) de ton frère, et le frère (si tu es un garçon) ou la sœur (si tu es une fille) de ta sœur, et tu n'es ni ton frère ni ta sœur !

6. a. Is it the twins' bedroom ? **b.** Is it John's father's computer ? **c.** Is it their cat's milk ? **d.** Are they your brother's jeans ? **e.** Are they Mum's shoes ?

Zoom

1. a. Have your parents got a car ? Yes, they have. **b.** Has your brother got a computer ? No, he hasn't. **c.** Has the village got a football field ? Yes, it has.

2. John is in the park and Tom is here too ! Tom is John's friend. He has got a ball and John's dog, Snoop has got a ball too. Snoop is a baby dog. It is one year old !

5 *There is, there are.* Les ordinaux

Practise !

1. a. There are two chairs on the floor. **b. There is** a watch on the table. **c. There are** three letters under the newspaper. **d. There is** a boy and two girls in the family. **e. There is** a man in the garden. **f. There are** three men and a dog in the boat.

2. a. Are there two chairs on the floor ? **b.** Is there a watch on the table ? **c.** Are there three letters under the newspaper ? **d.** Is there a boy and two girls in the family ? **e.** Is there a man in the garden ? **f.** Are there three men and a dog in the boat ?

3. a. No, there isn't. **b.** Yes, there are. **c.** Yes, there is. **d.** No, there aren't. **e.** No, there isn't.

4. a. There are four cups on the tray. **b.** There are three girls and a boy in the street. **c.** There are twelve candles on the cake. **d.** There is a cat on the sofa.

5. a. There's butter in the fridge. **b. There are** two cars in front of my house. **c. They're** in front of their house. **d. They're** in a boat. **e. There's** milk on the table. **f. They're** English. **g. There's** a sofa in the living-room.

6. a. There are three dominoes under the table. **b. Their** cat is very old. **c. Their** car is blue. **d. There's** a chocolate cake on the table. **e. Their** photos are very beautiful. **f. There's** an umbrella behind the door. **g. Their** baby is very fat.

Zoom

a. Today is July 1st (July the first). **b.** Today is August 4th (August the fourth). **c.** Today is September 25th (September the twenty-fifth). **d.** Today is October 3rd (October the third).

Pronunciation

a. fif'teen ; 'fifty. **b.** nine'teen ; 'ninety. **c.** four'teen ; 'forty.

6 L'article défini, l'article indéfini

Practise !

1. a. My sister is **an** artist. She's **a** painter. **b.** This isn't **an** image, it's **a** photography. **c.** My brother's got **a** new skate board. **d.** Is it **an** umbrella or **a** sunshade ? **e.** What's this ? It's **an** apple-pie.

2. a. Who is **the** boy there with your brother ? **b.** Look at **the** flowers on **the** table : they're beautiful ! **c.** Chocolate is a source of energy ! **d. The** houses in Hill Street are all yellow ! **e.** Mum's car is in **the** garage. **f.** Today **the** wind is warm.

3. a. Patty ♥ music. **b.** children ♥ snow. **c.** dogs ♥ bones. **d.** rats ♥ cheese. **e.** Tom ♥ chocolate.

4. a. Patty aime la musique : pas d'article en anglais ; Patty aime la musique en général et non une musique particulière. **b.** Les enfants aiment la neige : pas d'article en anglais ; tous les enfants aiment la neige en général. **c.** Les chiens aiment les os : pas d'article en anglais ; il s'agit d'une constatation générale. **d.** Les rats aiment le fromage : pas d'article en anglais ; tous les rats aiment n'importe quel fromage, il s'agit d'une vérité générale. **e.** Tom aime le chocolat : pas d'article en anglais ; Tom aime tous les chocolats, blanc, au lait, noir, fourré... le chocolat en général.

5. *Idées générales :* **a.** England is an island. **d.** Children love Coca-Cola. **f.** Lions live in Africa. *Idées particulières :* **b.** Pat is the guitarist of our group. **c.** The flowers in the park are all red or pink ! **e.** Mike is the boy I prefer in the class.

Zoom

a. He plays drums. **b.** They play bridge. **c.** She plays the cello. **d.** They play darts. **e.** They play golf.

7 *Much, many*

Practise !

1. a. Is there much coffee ? **b.** There isn't much time. **c.** There aren't many animals. **d.** How much rice have you got ?

2. a. How much time is there ? **b. How many** people are there in the street ? **c. How much** salt is there in the kitchen ? **d. How much** money have you got ?

3. a. I haven't got **much** time for you. **b.** There is **a lot of** water in the swimming-pool. **c.** He's got **a lot of** money. **d.** Have they got **many** dogs ? **e.** How **much** coffee is there in the house ?

4. a. He's got a lot of books ; he hasn't got many books. **b.** It's got a lot of food ; it hasn't got much food. **c.** It's got a lot of toys ; it hasn't got many toys. **d.** She's got a lot of coffee ; she hasn't got much coffee.

5. a. How much money is there ? **b.** How many houses are there ? **c.** How many cars are there ? **d.** How much butter is there ?

Zoom

1. a. How much are the apples ? **b.** How much is the fish ? **c.** How much is the basket ? **d.** How much are the bananas ?

2. a. How much is the lottery ticket ? **b.** How much are the shoes ? **c.** How much are the books ? **d.** How much is the video-game ?

RÉVISION 1

Exercices

1. a. Their car is new. **b. They're** not at home. **c. Their** cats are beautiful. **d. There's** a spider in this room ! **e. They're** at the cinema. **f.** Are **there** papers in the bag ? **g.** Is **their** boy happy ?

2. a. 's (cas possessif). **b.** has. **c.** is. **d.** has. **e.** 's (cas possessif). **f.** is.

3. a. What's this ? **b.** Where is the dog ? **c.** Who's this girl ? **d.** How much are these apples ? **e.** How many pupils are there in your class ?

4. a. Who's that girl ? **b.** Whose guitar is this ?

Ce que tu sais dire

1. Tu dis :

a. Good morning ! Good afternoon ! **b.** My name is *(inscris ton nom)*. I am *(inscris le nombre d'années)* years old. **c.** I've got a cat. I've got a bicycle. **d.** My brother has got books. He's got a computer. **e.** There's a ball in the garden. There are trees behind the house.

2. Tu demandes :

a. Where's John ? Where are the oranges ? **b.** Who is Betty ? How old is she ? **c.** How much is a kilo of oranges ? How much are two kilos of oranges ? **d.** Are there many boys in your class ? Is there a lot of money in the bag ? **e.** What have you got ? How many records have you got ?

8 *Some, any, no*

Practise !

1. a. Some salt, please ! **b.** Are there **any** letters for me today ? **c.** There aren't **any** balls in my room. **d.** They've got **some** potatoes in their garden. **e.** Is there **any** milk in the fridge ?

2. a. There's some butter in the kitchen. **b.** I haven't got any money. **c.** There's no rice in the cupboard. **d.** Is there any tea at home ? **e.** She hasn't got any toys.

3. b. There isn't any milk for the cat. **c.** There are no cars in the street. **d.** There aren't any oranges in the shop.

4. a. No, there aren't any. **b.** Yes, there are some. **c.** Yes, there is some. **d.** No, there aren't any.

5. a. Are there any sweets ? No, sorry, there aren't any. **b.** Is there any sugar ? No, sorry, there isn't any. **c.** Is there any chocolate ? No, sorry, there isn't any. **d.** Are there any cakes ? No, sorry, there aren't any. **e.** Are there any books ? No, sorry, there aren't any.

6. Today, there are **some** mashed potatoes, and **some** chicken to eat, but there isn't **any** chocolate mousse for dessert. Have you got **any** new stamps for my collection ? I am sorry, I haven't got **any** badges for you, but when I've got **some**, I'll keep them for you ! Bye for now ! *Tom*.

Zoom

1. a. Have you got **anything** in your bag ? Yes, I've got **something** in my bag. **b.** Is there **anything** to eat ? No, there isn't **anything** to eat. **c.** Have they got **anything** for me ? Yes, they've got **something** for you.

2. a. He's a nowhere man. **b.** Is there anybody / anyone in the garden ? **c.** There isn't anything / there's nothing in the garage. **d.** Is there anything in the fridge ?

9 Le présent simple, comment le conjuguer

Practise !

1. a. John **lives** in a small village. **b.** He **works** in London. **c.** In the morning he **takes** the train to go to his office. **d.** In winter John and his friends **have lunch** in a pub near the office. **e.** In summer they all **bring** a sandwich and a fruit in a box. **f.** They **go** to the park for a picnic. **g.** John **loves** picnics.

2. a. Jim knows New-York but he doesn't know London. **b.** Babies drink milk but they don't drink coffee. **c.** My brother plays tennis but he doesn't play squash. **d.** Carol reads magazines but she doesn't read newspapers. **e.** We like rock but we don't like jazz. **f.** Our parents go to the theatre but they don't go to the concert.

3. a. John works in a pub. **b.** Janet's parents don't like pop music. **c.** Does your brother learn English ? **d.** Children watch many cartoons on TV.

4. a. They sell shoes. **b.** He teaches mathematics. **c.** She does injections. **d.** You water the flowers. **e.** He works in a restaurant. **f.** He drives a lot.

5. a. Where does the dog sleep ? **b.** What do the Chinese eat ? **c.** Why do you like winter ? **d.** What does Paul's cousin do ? **e.** Where do the Benetts have lunch in summer ? **f.** Who does Sandy know ?

Zoom

a. Yes, she does. **b.** No, they don't. **c.** No, I don't. **d.** Yes, he does. **e.** Yes, they do.

Pronunciation

a. to see, he sees [z]. **b.** to change, he changes [iz]. **c.** to like, he likes [s]. **d.** to cut, he cuts [s]. **e.** to wash, he washes [iz]. **f.** to go, he goes [z].

10 Le présent simple, quand l'utiliser

Practise !

1. a. Does it **snow** in Africa ? **b.** People **drink** a lot of beer in the pubs. **c.** My sister **gets up** early on Mondays. **d.** Why **do** nurses **wear** a uniform ? **e.** The English **don't eat** frogs. **f.** I **walk** to school everyday.

2. a. Peter watches TV everyday. **b.** He plays darts in a pub on Fridays. **c.** He usually drives to his office. **d.** He buys newspapers at the weekend. **e.** He often goes to the seaside in summer.

3. a. Where does Sally want to go ? **b.** What does your brother hate ? **c.** Who always gets up first ? **d.** Where do John's parents work ? **e.** Who loves Michael Jackson ?

4. a. My little sister likes cartoons. **b.** Do you like mathematics ? **c.** I'm not Popeye, I don't like spinach. **d.** My father likes old black and white films.

e. Does your friend like vanilla ice cream on warm apple pie too ? **f.** My neighbours don't like cats.

5. a. Does your brother often play drums ? **b.** Where do the Browns spend their summer holidays ? **c.** What time does Jim usually get up ? **d.** Why do the children hurry ? **e.** Do you know Jim's new neighbours ? **f.** What do you want for your birthday ?

Zoom

Tom does judo on Wednesday. Sandra does gymnastics on Monday and Friday. Tom and Mr Brown do some gardening on Sunday. Mr and Mrs Brown do the shopping on Friday. Tom and Sandra do the housework on Saturday. Mr Brown does the washing up at the weekend.

11 *Can*

Practise !

1. a. Can they go to the cinema ? **b.** Can she read this book ? **c.** Can the cat go out in the garden ? **d.** Can the children watch television ? **e.** Can I go to Great Britain ?

2. a. They can't sing. **b.** He can't swim. **c.** She can't drive. **d.** She can't cook.

3. a. Can you fetch the milk ? **b.** She can remember her holidays. **c.** They can't play football. **d.** Can't you see this red light ?

4. a. Est-ce qu'ils peuvent rester avec nous ? **b.** Elle peut venir ce soir. **c.** Je ne sais pas faire du vélo. **d.** Tu ne peux pas m'aider ?

5. a. Can she ride a bike ? **b.** Can you sleep with all this noise ? **c.** Can they carry a heavy bag ? **d.** Can he play the piano ?

6. a. Yes, I can. **b.** No, she can't. **c.** Yes, they can. **d.** No, he can't.

Zoom

1. a. She can't hear. **b.** He can't see. **c.** He can't find his pen. **d.** The cat can see (very well).

2. a. She can't see anything. **b.** He can remember his holidays. **c.** They can't find their dog. **d.** I can feel a stone in my shoe. **e.** We can hear the church bell.

12 Les pronoms personnels compléments

Practise !

1. a. We play with them. **b.** I work with her. **c.** What can I do with it ? **d.** I help him.

2. a. Of course, she knows it ! **b.** Of course, they know him ! **c.** Of course, I know her ! **d.** Of course, he knows us.

3. a. Does she really know him ? **b.** Do they really know them ? **c.** Do you really know her ? **d.** Does he really know it ?

4. a. He reads for us. **b.** He loves them. **c.** They carry it. **d.** It plays with her.

5. a. Can you see them ? **b.** Don't you like it ? **c.** I don't know her very well. **d.** She often plays with me.

6. a. and we can hear them. **b.** and you phone me. **c.** and it watches us. **d.** and he loves you.

Zoom

1. a. Listen to us ! **b.** I phone them. **c.** You wait for her. **d.** Look at him ! **e.** Ask for some bread !

2. a. They pass their exam easily. **b.** They wait **for** us every evening. **c.** We listen **to** it all the time. **d.** They phone him every day. **e.** She always asks **for** sweets.

13 Le présent en *-ing*, comment le conjuguer

Practise !

1. b. 3. The girl is brushing her hair. **c. 5.** The cat is eating a mouse. **d. 4.** The children are speaking English. **e. 1.** The man is driving his car.

2. a. She is sitting in the car. **b.** They are wearing blue trousers. **c.** I am walking along the street. **d.** They are making a film.

3. a. She is reading. **b.** They are watching television. **c.** I am playing the guitar. **d.** He is swimming.

4. Daddy is reading the paper. Grandma and her friends are having tea. The boy and the girl are playing cards. The cat and the dog are sleeping.

5. a. When is he coming ? **b.** What is she reading ? **c.** What are you doing ? **d.** Where are they playing ?

Zoom

a. is he ? **b.** can she ? **c.** do they ? **d.** am I ? **e.** do I ? **f.** can't you ? **g.** isn't she ? **h.** aren't they ?

Pronunciation

[ɑ:] are, aren't, park, tart. [æ] am, black, fat. [ɒ] wash, what.

14 Quand utiliser le présent simple ou le présent en *-ing*

Practise !

1. a. They often drink beer. They are drinking it in the pub now. **b.** She is selling tickets for the show now. Everyday she sells stamps. **c.** Listen ! He's playing the piano. He plays five hours a week. **d.** I do my homework every evening. I'm doing my maths now.

2. a. He is sitting at a corner table. **b.** He is drinking a cup of coffee. **c.** He is paying for his drink. **d.** He is leaving the coffee-bar.

3. a. But he sits at a corner table every morning ! **b.** But he drinks a cup of coffee every morning ! **c.** But he pays for his drink every morning ! **d.** But he leaves the coffee-bar every morning !

4. a. I am working now. **b.** Mummy always cooks dinner at seven o'clock. **c.** Mr and Mrs Smith often go to Italy in summer. **d.** We are going to the swimming-pool !

5. a. They always have a tomato sandwich for lunch. **b.** We are buying hats now. **c.** We always go on holiday in summer. **d.** You're not enjoying the show now.

6. b. 6. Mummy often sings when she's happy. **c. 4.** Mummy is singing in her bath now. **d. 3.** We always play cards in the evening. **e. 1.** We are playing cards now. **f. 5.** He sometimes swims in the lake.

7. a. Are you waiting for them ? **b.** Grandma always drinks coffee in the morning. **c.** Is she listening to music ? **d.** Do you often come here ? **e.** They don't read a lot of books.

Zoom

1. a. I know my English grammar. **b.** He wants an apple. **c.** We like chocolate. **d.** She feels the cold of the rain. **e.** My brother loves football.

2. a. You like the Beatles, don't you ? **b.** She wants to come with us, doesn't she ? **c.** We don't want to drink, do we ? **d.** They don't hear very well, do they ? **e.** He doesn't know your sister, does he ?

RÉVISION 2

Exercices

1. a. She always **works** in the evenings. **b.** We **are speaking** English now. **c.** He **wants** to be a singer. **d.** They never **eat** meat ; they're vegetarians ! **e.** I **am phoning** my friend at the moment. **f.** You **are coming** right now.

2. a. When are you coming ? *ou :* At what time are you coming ? **b.** Do you often play the piano ? **c.** What are you doing ? **d.** Do you play in the middle of the street ? **e.** Where do you always go for your holidays ?

3. a. He hasn't got **anything** in his pockets. **b.** Has the schools got **any** computers ? **c.** There is **some** coffee on the table. **d.** There is **someone** on the phone for you. **e.** There isn't **anything** wrong with me.

4. a. They play with **him**. **b. We** are working with **her**.

Ce que tu sais dire

1. Tu dis :

a. I am working. I work every day. **b.** I am playing with him. I am playing with her. **c.** There's something in the fridge. There's nothing in the fridge. **d.** I can read ! I can't run 50 kilometres. **e.** I can't find my shoes. I can't remember my sister's birthday.

2. Tu demandes :
a. Can you come ? Do you speak English ? **b.** Are you reading ? Do you often ride a bike ? **c.** Can you hear well ? Can you see well ? **d.** Do you want to play ? Can you help me ? **e.** Can you swim ? Is your sister sleeping ?

15 L'adjectif qualificatif

Practise !

1. a. An old car. **b.** A heavy bag. **c.** A new bike. **d.** A delicious cake. **e.** A poor man.

2. a. She is a pretty girl. **b.** It is an extraordinary cat. **c.** It is a famous group. **d.** He is a rich man. **e.** It is an exciting film. **f.** It is a small house.

3. a. They've got a big, new, green car. **b.** She's got a small, brown, white, funny cat. **c.** I've got a beautiful, fashionable, expensive dress. **d.** He's got a strange, old, dirty moped.

4. a. The twins are watching an exciting film ; they always watch exciting films. **b.** Patty is buying an expensive jacket ; she always buys expensive jackets. **c.** Mum is cooking a delicious chicken ; she always cooks delicious chickens. **d.** My sister is doing a horrible painting ; she always does horrible paintings.

5. a. In New-York the buildings are very **high**. (hauts). **b.** Dictionaries are **heavy** books. (lourds). **c.** Batman always wears a **black** mask. (noir). **d.** Castles have got **high** towers. (hautes). **e.** My grandmother can't carry her suitcase because it's too **heavy**. (lourde). **f.** Italian pizzas are always **good**. (bonnes).

6. a. Do you put the dirty plates in the dishwasher ? **b.** I like Chinese food. **c.** Mum and Dad have got nice English friends. **d.** The wallpaper in the big bedroom is yellow.

Zoom

1. a. It is an American newspaper. **b.** It is a Spanish paella. **c.** It is an English teapot. **d.** They are Scottish kilts. **e.** It is a Japanese kimono.

2. a. The English drink tea. **b.** The Chinese eat rice. **c.** The Russians produce caviar. **d.** The French make about 300 different cheeses. **e.** The Americans invented hamburgers.

16 Comment dire l'heure

Practise !

1. a. It's quarter past nine. **b.** It's half past six. **c.** It's ten to eight. **d.** It's quarter to twelve. **e.** It's ten past five. **f.** It's twelve o'clock.

2.

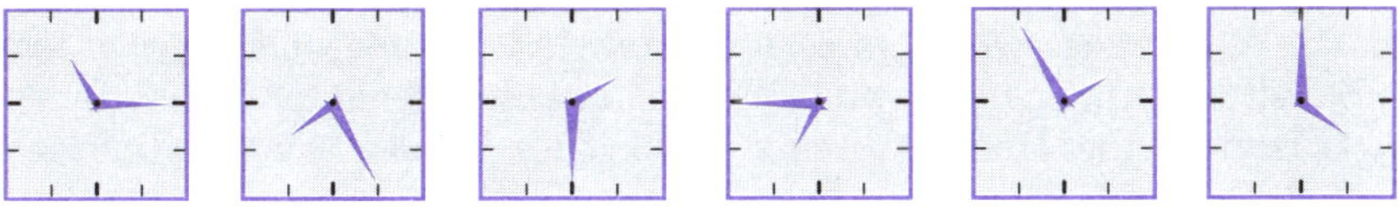

a. 11 h 15 **b.** 8 h 25 **c.** 2 h 30 **d.** 6 h 45 **e.** 1 h 55 **f.** 4 heures

3. a. Tom has a bath at half past ten. **b.** Tom has lunch at one o'clock. **c.** Tom plays rugby at quarter to three. **d.** Tom watches TV at ten past seven. **e.** Tom goes to bed at quarter past nine.

4. a. Tom watches Channel 4 at half past seven and at twenty to eight. **b.** Grandma watches BBC1 at twenty-five to seven. **c.** Grandpa watches BBC1 at quarter to seven and Channel 4 at quarter past seven. **d.** Dad watches BBC1 at six o'clock and at twenty-five to eight. **e.** Jenny watches Channel 4 at at five past six and at twenty past six. **f.** The twins watch Channel 4 at five to seven and BBC1 at ten past seven. **g.** Mum watches Channel 4 at eight o'clock.

Zoom

1. a. It's quarter to twelve a.m. **b.** It's three p.m. **c.** It's twenty to six p.m. **d.** It's half past eleven p.m.

2. a. It's four p.m. in Sydney. **b.** It's ten p.m. in Los Angeles. **c.** It's one a.m. in New York. **d.** It's eleven a.m. in Bombay. **e.** It's two p.m. in Hong Kong.

17 Le *preterit*, comment le conjuguer

Practise !

1. a. Last week-end, Paul and Tom played football. **b.** Last night Mary watched television. **c.** In 1492, Columbus discovered America. **d.** Yesterday Jenny phoned Ted. **e.** This morning, Mum parked the car at the bus-stop.

2. a. The teacher asked us a difficult question. **b.** The fire destroyed my neighbours' home. **c.** Look ! John didn't water the garden. **d.** Repeat because they didn't hear you !

3. a. Yes, she did. **b.** No, they didn't. **c.** Yes, I did. **d.** No, we didn't.

4. a. I didn't arrive late, I arrived early. **b.** I didn't park in front of the church, I parked behind the baker's. **c.** I didn't prefer the seaside, I preferred the mountains. **d.** I didn't like the cartoons, I liked the film.

5. a. What time did the train arrive yesterday ? **b.** Why did Paul stay at home last week ? **c.** When did his cousin play the violin ? **d.** Where did she live last year ? **e.** Where did the Higgins move in July ?

Zoom

b. 3. Why can't you make a sandwich ? There isn't any bread. **c. 5.** What's under your bed ? There are some old pairs of shoes. **d. 1.** Isn't it the Browns' house ? No, they moved six months ago. **e. 6.** When did it happen ? It happened ten years ago, I think. **f. 2.** When did Tom call you ? He phoned two weeks ago.

Pronunciation

[d] he lied, we travelled ; [t] I stopped, you watched ; [id] you wanted, they decided.

18 Les verbes irréguliers au *preterit*

Practise !

1. a. Mum and Dad went to the restaurant. **b.** You did the shopping. **c.** Jenny, Pam and I saw a film. **d.** My sister wrote a letter.

2. a. No she doesn't, she went to the cinema yesterday. **b.** No, I don't, I ate spaghetti yesterday. **c.** No, they don't, they bought some new compact discs yesterday. **d.** No he doesn't, he took photos yesterday. **e.** No, we don't, we slept in a hotel yesterday.

3. b. 3. How old was he ? He was seven. **c. 1.** What time did you get up this morning ? It was seven. **d. 2.** Did you have a bath ? No, I didn't. **e. 6.** Did your brothers have breakfast in the kitchen ? No, they didn't, they had it in bed ! **f. 5.** Did your parents take the bus to go to work ? No, they didn't, they drove.

4. a. Johnny **went** first to the newsagent's. **b.** Then, he **bought** some cigarettes near the station. **c.** Next, he **sat** down on a chair in the park and **read** his newspaper. **d.** He **met** his friend Nicky the Flappy. **e.** They **took** a taxi back home.

5. a. Johnny had lunch at the restaurant. **b.** Johnny took a train to London. **c.** Johnny saw a football match. **d.** Johnny drank a cup of coffee in a coffee bar.

6. a. Whose brother did Tom know very well ? **b.** What did you take to go to school ? **c.** What time did your cousins leave last night ? **d.** How much were John's new rollers ? **e.** Why did Mary hurry ?

Zoom

1. a. Where **were** you last night ? **b.** How old **were** Tom's grandparents when the washing machine **was** invented ? **c.** What **was** that noise ? **d.** How much **was** the blue dress ? **e.** There **weren't** any cars in the street this morning. **f.** No, the baby **wasn't** in bed at eight !

2. a. Leonardo Da Vinci **was** a famous painter too, he **was** Italian. **b. Was** Mona Lisa his wife ? **c. Did** he paint many women ? **d. Were** his paintings successful when he **was** young ? **e. Did** you know he **was** an architect too ? **f. Did** his contemporaries like his paintings ?

19 Comparer avec les adjectifs qualificatifs

Practise !

1. a. An ice cream is delicious but a cheesecake is more delicious. **b.** A giraffe is fast but an ostrich is faster. **c.** Popeye is funny but Donald is funnier. **d.** A rhinoceros is enormous but an elephant is more enormous.

2. a. England isn't as sunny as Italy. **b.** A bus isn't as fast as a train. **c.** Shoes aren't as comfortable as slippers. **d.** October isn't as cold as January. **e.** A parrot isn't as wild as a fox.

3. a. Have you got a smaller jumper ? **b.** Have you got a cheaper menu ? **c.** Have you got an easier English book ? **d.** Have you got a quieter room ?

4. a. Dracula is as horrible as the Frankenstein monster. **b.** An orang-outang is as dangerous as a lion. **c.** Superman is as strong as Tarzan. **d.** Tom is as tall as his dad. **e.** A concert is as exciting as a film.

5. b. I think long hair is prettier than short hair. **c.** I think skateboarding is more difficult than rollerskating. **d.** I think John is younger than Mary. **e.** I think Beethoven is more famous than Michael Jackson. **f.** I think a car is faster than a moped.

Zoom

1. a. I think Canadian winters are worse. **b.** I think jogging is better. **c.** I think Australia is farther. **d.** I think Paul is worse. **e.** I think London is bigger.

2. Dear Antoine,
I am writing in my bed because I'm ill. But yesterday was **worse** than today and Mum called the doctor. He lives very far from here, **farther** than the airport. His medicine tastes very bad, **worse** than rotten eggs ! Today I feel well, much **better** than yesterday and I can read. Dad offered me an enormous book, **bigger** than a dictionary : it's got 976 pages ! Bye ! Tom.

20 *Must*

Practise !

1. a. 4. This is an excellent film. → We **must** go and see it.
b. 1. It's her birthday tomorrow. → We **must** buy a present for her.
c. 2. I feel ill. → You **mustn't** go to school then !
d. 3. She is very tired. → She **must** go to bed early.

2. a. You mustn't force her to go to the cinema. **b.** Must you leave me alone tonight ? **c.** I must practise : my exam is tomorrow. **d.** She must go now, she is late.

3. a. He must run now. **b.** They must sit down now. **c.** You must go to the hospital now. **d.** She must work now.

4. a. Must she stay at home? **b.** Must they watch TV ? **c.** Must you go shopping ? **d.** Must you leave ?

5. a. They **can** have my ball. **b.** She **can** sing all night. **c.** I **can't** see anything. **d.** You **mustn't** smoke.

6. a. He must wash his hands, mustn't he ? **b.** They mustn't drive through the traffic-lights, must they ? **c.** They mustn't smoke, must they ? **d.** I must work tonight, mustn't I ?

Zoom

1. I mustn't throw papers ; I mustn't sit on the grass ; I mustn't walk my dog ; I mustn't eat a picnic.

2. a. No, you mustn't. **b.** No, I can't. **c.** No, he mustn't. **d.** No, it can't. **e.** No, you mustn't.

21 Le futur proche

Practise !

1. a. I'm getting up at seven o'clock tomorrow. **b.** I'm walking to school today. **c.** I'm going to the cinema tonight. **d.** I'm doing my homework this evening.

2. a. I am going to go to the circus. **b.** You are going to take an exam *ou :* I am going to take an exam. **c.** He is going to play in the match. **d.** We are going to eat spaghetti. **e.** They are going to watch the game on TV. **f.** She is going to cry. **g.** I am going to go to bed.

3. a. We are going to wash the car. **b.** They are coming to visit us tonight. **c.** Are you going to go to the States this summer ? **d.** He is going to write a new book.

4. a. I am going to catch the train tomorrow. **b.** She is going to become an actress. **c.** Are you going to change cars ? **d.** We aren't going to move to Ireland.

5. a. Is she going to Germany this summer ? **b.** Are you going to invite them ? **c.** Are you watching a film this evening ? **d.** Are they going to read all night ? **e.** Are they going to buy a new car ? **f.** Is he coming tonight ? **g.** Are you going to listen to me ?

6. a. We are not going to wait for Tom. **b.** Are they going to spend a month in Spain ? **c.** Are you playing tonight ? **d.** You are going to take your camera. **e.** Are you going to give up smoking soon ? **f.** You mustn't sing. It's going to rain.

Zoom

a. Shall we drink tea ? **b.** Why don't we play cards ? **c.** Let's play music ! **d.** Shall we cook a cake ?

Pronunciation

[u] cook, book ; [ɔ] got, lot ; [əʊ] go, road ; [ɔ:] bore, more ; [u:] do, shoe.

RÉVISION 3

Exercices

1. a. Yesterday, she **drove** my car. **b.** Last month, they **went** to Italy. **c.** Two hundred years ago, people **didn't wash**. **d.** Last week-end, we **did not play** very much. **e.** This morning, I **felt** sick. **f.** When **did they go** to Italy ?

2. a. No, I wasn't. **b.** No, they didn't. **c.** No, they didn't. **d.** No, she didn't. **e.** No, we didn't.

3. a. Did you touch my bike ? **b.** Did they come to visit you ? **c.** Can I play with your model planes ? **d.** Did she read well ? **e.** Must I bring my food ?

4. a. Is your car **bigger** than my car ? **b.** Are your jeans **more** expensive than her jeans ? **c.** Are your dogs **older** than Jack's ? **d.** Are your cassettes **better** than my cassettes ?

Ce que tu sais dire

1. Tu dis :

a. I must hurry. You / we mustn't smoke. **b.** I worked yesterday. I sang yesterday. **c.** I didn't fight. I didn't cry. **d.** My brother was taller, stronger and more courageous than Tom. **e.** I was as intelligent as he was.

2. Tu demandes :

a. When did you leave ? When are you going to leave ? **b.** Is the film better than the book ? Is the film worse than the book ? **c.** Is New York farther than Moscow from Paris ? Must I learn to speak Chinese ? **d.** Did you understand ? Are you as tall as I am ? **e.** Must you really go ? Are you going out tonight ? / Are you going to go out tonight ?

Tests

TEST 1

1. a. What **did** you have for dinner yesterday ? **b. Does** Mary like rock'n roll ? **c.** What **are** the twins going to do ? **d. Is** Betty's mother sleeping ? **e.** Where **do** you live ?

2. a. How much were the shoes you bought yesterday ? £30 ! **b. Where** do you go for Christmas ? **c. How many** pens did Tony lose this year ? **d. Whose** racket is this ? **e. How much** milk is there in the fridge ?

3. a. Yes, I was. **b.** Yes, she can. **c.** No, I don't. **d.** Yes, they must. **e.** Yes, he does.

4. a. What's the matter with Tom ? Is he sick ? **b. Who**'s this girl ? Is she your cousin ? **c. What's** this strange piece of plastic ? **d. What** happened ? A car accident ! **e. Who** helped you with your maths exercises ? Your brother ?

TEST 2

1. a. Where are you **going** ? (présent en *-ing*, sous-entendu : maintenant) **b.** Tom **goes** to the cinema on Sundays. (une habitude, tous les dimanches) **c.** We are all **going** to Grandma's on Sunday. (une intention pour ce dimanche qui vient, présent en *-ing* à valeur de futur) **d.** The twins **go** to bed at half past eight. (habitude) **e.** Our friends don't often **go** skiing. (often, habitude)

2. The English **do** not eat frogs. **b.** Tom and his friends **are** playing cards in the garden. **c.** What **did** you do last Christmas ? **d.** Carrie **does** not like music. **e.** Who **is** knocking at the door ?

3. a. is going to have = futur. **b.** read = preterit. **c.** read = présent simple d'habitude. **d.** am having = présent en *-ing* à valeur de futur. **e.** goes = présent simple d'habitude.

4. a. Tom's sick, he **ate** too much chocolate yesterday. **b.** I can't **eat** sugar. **c.** We **are eating** an excellent pudding tonight ! (présent progressif à valeur de futur, ce soir on va manger...) **d.** Look out ! The dog **is eating** your slipper. **e.** Sandra always **eats** a lot of sweets.

TEST 3

1. a. My rabbit likes **Ø** carrots. **b.** Mr Jones is **a** mechanic. **c. The** cats in our village are fat. **d. Ø** Cats are often fat ! **e.** In Italy, **the** weather is always fine.

2. a. John is happy : **his** rollers are repaired. **b.** The British like **their** Queen ! **c.** Jenny and **her** sister are at the cinema. **d.** Tom and **his** sister are going to visit Antoine. **e.** They are washing **their** hair.

3. a. Whose cat is it ? **b.** Look! Is it **a** tomato ? **c.** Where is **the** salt and pepper ? **d. Whose** shoes are they ? **e.** Is it **a** good idea ?

4. a. It is **an** American film. **b.** Mummy bought **Ø** apples for pudding. **c.** Tom is eating **an** enormous piece of cake. **d.** He always eats **Ø** enormous pieces of cake. **e.** No, you are not **a** fool !

TEST 4

1. a. Is there **any** orange juice in the fridge ? **b.** Give me **some** sweets, please. **c.** Sorry, but there are **no** sweets here. **d.** I haven't got **any** clean T-shirts. **e.** Tom's got **some** new records.

2. a. How much milk is there in the fridge ? **b. How much** was your new dress ? **c. How many** hamburgers can you eat for lunch ? **d. How many** exercises must you do ? **e. How many** pupils are there in your class ?

3. a. Sorry, I haven't got **much** time. **b.** She doesn't ask **many** questions. **c.** There isn't **much** sand on this beach. **d.** The children don't make **much** noise today. **e.** You don't make **many** mistakes.

4. a. I ate **something** strange yesterday ! **b.** She lives **somewhere** in Africa. **c.** He met **someone** at the supermarket. **d. Someone** asked me to phone you. **e.** I lost my key **somewhere** in the street.

TEST 5

1. a. clever : long. **b.** dirty : court. **c.** boring : long. **d.** curious : long. **e.** easy : court.

2. a. Cats are **more** curious than dogs. **b.** A mouse is **smaller** than an elephant. **c.** Mount Everest is **higher** than Ben Nevis. **d.** A Rolls Royce is **more** comfortable than an Austin Mini. **e.** Rap music is **more** modern than tango music.

3. a. Italy is not **as** hot **as** Morocco. **b.** Cobras are not **more** dangerous **than** pythons. **c.** Tower Bridge is **more** ancient **than** the Empire State Building. **d.** Diamonds are **as** precious **as** emeralds. **e.** Cinderella is **more** beautiful **than** her sisters.

4. a. ill : worse. **b.** good : better. **c.** far : farther. **d.** bad : worse. **e.** well : better.

TEST 6

1. a. Old people **can't** hear very well. **b.** The baby is crying : he **can't** sleep. **c.** Children **can** read at the age of seven. **d.** A cat **can** see better than a man. **e.** Animals **can't** read.

2. a. You **mustn't** watch TV after 10 p.m. **b.** You **mustn't** work in front of the TV set. **c.** You **must** eat well at breakfast. **d.** You **mustn't** forget your parents' birthday. **e.** You **must** brush your teeth in the evening.

3. a. You **can** play music if you like. **b. Can** we open the window ? It's very hot. **c. Must** we open the window ? It's very cold. **d.** I **must** hurry ; I'm late. **e.** I **can** smell a delicious chocolate cake !

4. a. I **can't** speak Swahili. **b.** You **mustn't** throw papers in the street. **c.** You **mustn't** cross the street when the lights are red. **d.** A child **can't** eat 50 kilos of sweets. **e.** Cows **can't** sing.

Imprimé en Italie par Rotolito
Dépôt Légal: 4839.01.1997
Collection: 41 - Edition 01
16/7106/4